托育机构从业人员
——— 指 导 用 书 ———

托育机构
一日活动操作指引

主 编
茅红美 王 岫

复旦大學 出版社

本书编委会

顾 问

华爱华

主 编

茅红美 王 岫

编 委

（按姓氏笔画排列）

王 岫　王 燕　汪志超　忻 怡
张美霞　陈 静　茅红美　金荣慧
赵晓霞　崔希娟　潘佩娣

编者的话

高质量托育服务不仅是新时代国家和社会的需要,更是婴幼儿健康成长的需要。托育服务质量直接影响0—3岁婴幼儿当前及随后的身心健康发展,站在为人的一生发展奠基的角度以及在国家和社会发展的时代背景下,提升托育服务质量是托育事业发展的关键,也是托育机构得以生存和制胜的关键。托育行业走向高质量已成为必然趋势。

那么,什么是高质量?从哪些方面着手可以改善和提高托育服务质量呢?上海市托育服务指导中心汇聚了一群怀有满腔热情和责任使命的人,在0—3岁早期教养领域深耕研究20余年,我们始终坚守初心,凭借着坚定的信念和不懈的努力,一直致力于探索提升早期教养的质量,并积累了丰硕的成果和实践经验。我们坚信,高质量的托育服务要借助高质量的一日托育照护服务来实现,包括要有科学的保教理念和目标、安全及适宜发展的照护环境、科学合理的活动内容和作息安排、高质量互动和回应性照护、与社区和家庭的协作关系、高效的机构管理和运营、具有良好专业素养的人员队伍等。

然而,做到高质量并不是一件容易的事情。在走访调研托育机构、参与托育相关教研活动、观摩托班活动、与各类从业人员沟通交流等过程中,我们发现了很多问题。比如,"亟需系统化、本土化、科学好用的托育活动资源来解决普遍存在的小班课程下移和一味迎合家长需要的问题""一日活动的组织实施个性化不足,集体的、高结构型活动较多的情况较为普遍""一日作息安排还需要进一步开放,要更加灵活""照护过程与幼儿回应和互动质量有待提高""家园互动迫切需要有效沟通方法和策略的指导"等。这些问题反映了目前的托育服务尚缺乏科学理念和目标的引领、缺乏托育服务内容体系的支撑等,这也导致了托育服务的专业性和科学性不足、服务质量不高等一系列问题。

在这个过程中,我们感受到了从业人员们想要做好托育服务的愿望,也更深刻感受到了大家的迷茫和困惑。为了有效地解决这些问题,助力托育服务质量的提升,努力帮助从业者们解惑。我们在前沿的教育理论指导下,将优质经验转化为成果,编写了"托育机构从业人员指导用书"系列。本系列包括《托育机构日常管理实务》《托育机构一日活动操作指引》《托育机构一日活动方案》《托育机构与家庭协作》四册图书，围绕托育机构的管理、一日保教活动、家园共育三大业务领域，提供一套系统化、科学化、可操作的管理与保教方案，帮助托育从业者科学、高效、规范地开展托育服务和管理，实施科学的一日保教活动，提高托育服务的质量和效率，为婴幼儿奠定扎实的成长基石。

《托育机构日常管理实务》围绕托育服务相关法律法规、从业人员队伍建设、托育机构制度建设、日常保教工作管理等内容展开，对托育从业人员的师德规范、职业能力素养、一日保教管理的环节、内容与方法等进行了详细的解析，提供了可供迁移和借鉴的管理制度文本及配套的操作表单。该书旨在以高效、可行的方法保证托育服务的质量，使一日照护服务有法可依、有章可循，为从业人员提供可遵守的行为规范和操作方法。

《托育机构一日活动操作指引》围绕"生活活动""游戏活动""拓展类活动""一日活动规划与设计""与家庭协作""保育人员间的协作"等从业人员最关心的内容，提供反映尊重、个性化、回应等核心价值观的、好用易用的方法和支持工具，帮助托育人员端正理念，树立科学的儿童观、育儿观，掌握基本的科学保育的内容与方式方法。此外，还提供了配套的操作工具模板和样例，托育机构既可直接应用，也可进行改编，使用方法灵活。

《托育机构一日活动方案》凸显生活化和游戏化，围绕吃吃睡睡、唱唱跳跳、做做玩玩、听听说说、涂涂画画、拼拼搭搭六个模块编制活动资源，并为托育从业人员提供了月、周、日的保育计划参考样例，指导托育从业人员日常有目的地创设环境、观察和评价婴幼儿的行为，帮助托育从业人员开展日常高质量的教养和照护服务。

《托育机构与家庭协作》阐述了托育机构与家庭协作的重要性，并围绕帮助新家庭融入、招生工作与迎新程序、了解和尊重家庭的多样性、与家庭沟通交流等内容，结合丰富的实践案例，呈现与家庭有效沟通、合作的方法，详细介绍如何与家庭建立有效的协作关系。

这个"托育机构从业人员指导用书"系列是托育从业者的必备工具，是高质量托育的实践指南，也是提升托育服务质量的重要支架。

本书导读

本书包括"生活活动操作指引""游戏活动操作指引""拓展类活动操作指引""一日活动规划与设计""建立多方协作关系"五个主题。这五个主题是我们在日常走访调研中发现问题最多、从业人员最容易产生问题和困惑的地方，同时也是提升照护服务质量的关键与核心内容。

第一章"生活活动操作指引"践行"生活即教育"的理念，落实"吃吃睡睡"模块的目标要求，提供了支持幼儿自我服务能力发展的环境创设建议、指导保育人员做好生活照护的基本方法和程序，提示在照护过程中的观察要点，为婴幼儿的一些"问题"行为提供回应方法等。强调"教养医结合"，帮助保育人员"相信儿童是有能力的学习者"。在来离园、餐点、睡眠、如厕等每天都在重复的生活环节中，支持婴幼儿逐渐养成良好的进餐、如厕等习惯，发展自我服务能力。此外，我们还为保育人员提供了配套的"一日生活照料情况记录表"等操作工具，方便保育人员在照护过程中快速记录关键且有价值的信息时使用。

第二章"游戏活动操作指引"旨在落实"唱唱跳跳、做做玩玩、听听说说、涂涂画画、拼拼搭搭"五大模块的目标要求，呈现了自由游戏活动、圆圈活动和插入式活动在内涵、游戏环境创设方法、观察要点、组织操作方法以及注意事项等方面的内容。"玩"是婴幼儿在托班的主要活动，这一章节重点强调游戏的重要价值，突出在游戏活动中让婴幼儿获得更多自由、自主地探索、表达、表现的机会。此外，在"如何做"的部分，重点提供了基于观察的回应与互动方法，即"当婴幼儿……时"，保育人员可以怎样高质量地回应和支持。这里不仅有具体照护的做法，还提供了恰当回应婴幼儿的话术范例，以尊重的、体现"儿童为本"的行为和语言来照料婴幼儿，不仅能有效支持保育人员与婴幼儿建立良好的关系纽带，改善和提高互动质量，同时也有助于提高从业人员的专业素养。本章还提供了"婴幼儿发展情况检核表""婴幼儿观察记录表""表现性评价记录表"等操作工具，帮助从业人员观察、了解婴幼儿的发展水平。

第三章"拓展类活动操作指引"回答了托育服务机构如何组织亲子游、节庆活动。亲子游、节庆活动是托育服务机构最常见的综合活动组织形式，我们结合自身的丰富经验提供了配套活动组织实施的操作模板，包括活动策划模板、通知模板、满意度调研模板等，使用者可根据自己园所的需要直接使用或在此基础上调整、完善。

第四章"一日活动规划与设计"是托育机构从业人员最关心的问题、也是最具专业挑战的部分。我们结合大量的实践经验，详细回答了"怎样编制托班的一日作息安排""什么是'计划循环圈'""怎样编制班级的月、周、日活动计划""怎样做好班级的观察记录"等问题，为保育人员提供了一日作息的具体建议及样例；阐明了规划班级一日活动的基本路径和方法，并提供好用的备课模板；展示了"儿童发展情况检核表""班级婴幼儿观察日志""表现性评价表"三类观察记录工具的设计及使用方法等。适宜的作息安排、科学的活动规划设计、方便好用的观察工具将能有效提升托育服务的过程质量。

第五章"建立多方协作关系"主要围绕"与家庭协作"和"保育人员之间的协作"两个方面展开。秉持"信任与亲密的关系对婴幼儿发展至关重要"的理念，"与家庭协作"详细讲解了如何与家庭建立牢固的纽带关系、群体正式沟通形式——家长会等的具体操作方法，并提供了"家园沟通情况记录表"。"保育人员之间的协作"则强调了从业人员之间的关系建立及分工合作的重要性和具体做法。

当前，托育机构的创办与日常运作尚处于尝试阶段，计时制、半日制、全日制等多层次、多样化的照顾与看护服务形式也处于探索期。丛书的编制既是急需也尚属尝试，研究团队始终坚持"儿童为本"，本着科学谨慎的态度，在实践中不断探索和检验，以便通过更多的真实案例来不断完善。

在此，我们对所有曾经帮助过我们的专家、领导和园所的老师深表谢意！也欢迎家庭养育者、托育机构工作者以及关心婴幼儿健康成长与发展并有志于参与到托育服务事业中的团体、个人和我们共同学习和探索，在使用本书的过程中，提出宝贵意见和建议；希望能给同行一些启发，在通过思想和行动的共振中汲取众人智慧的火花，获得新的思考，受到新的启发，并使得我们今后的研究能不断完善、丰富和发展。

目 录

生活活动的操作指引 /1

来园 /2
餐点 /6
睡眠 /12
如厕 /17
离园 /26

游戏活动的操作指引 /29

自由游戏活动 /30
圆圈活动 /44
插入式活动 /50

拓展类活动的操作指引 /54

亲子游的组织与实施 /55
节庆活动的组织与实施 /57

一日活动规划与设计操作指引 /60

托育机构一日作息的安排 /61
托育机构班级教养计划的编制 /62
托育机构一日保育中的观察与记录 /69

建立多方协作关系的操作指引 /73

与家庭协作 /74
保育人员之间的协作 /81

附件 / 82

附件 1　0—3 岁婴幼儿的发展规律和特点列表　/ 83
附件 2　一日生活照护情况记录表（参考样例）　/ 95
附件 3　家园沟通情况记录表（参考样例）　/ 96
附件 4　婴幼儿发展情况检核表（参考样例）　/ 97
附件 5　班级婴幼儿观察日志（参考样例）　/ 98
附件 6　_____活动表现性评价表（参考样例）　/ 99

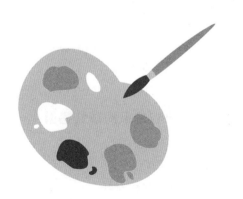

附件 7　亲子游活动的参考样例　/ 100
　　7.1　亲子游活动踩点报告　/ 100
　　7.2　亲子游组织实施方案　/ 101
　　7.3　亲子游具体活动方案（参考样例）　/ 103
　　7.4　亲子游活动应急预案（参考样例）　/ 104
　　7.5　亲子游活动通知（参考样例）　/ 105
　　7.6　亲子游家长满意度问卷调查（参考样例）　/ 106
附件 8　节庆活动设计方案（参考样例）　/ 107
附件 9　家庭信息收集举例　/ 108

托育机构课程纲要　/ 109

生活活动的
操作指引

来园

来园时间是婴幼儿一日在园生活的开始,也是保育人员对婴幼儿一日照护的开始。这个时间段不仅是接待婴幼儿到来,也是保育人员和家长见面并进行简单和必要沟通的重要时段。保育人员需要密切关注婴幼儿来园时的情绪、健康等状态,并和家长做好照护的交接。

环境与布局

来园接待的区域包括园所门口区域、晨检区域、活动室门口区域。涉及多名工作人员,包括:保安、保健员、育婴师、保育员等。为了保证安全,整体环境需要整洁、通畅、明亮。

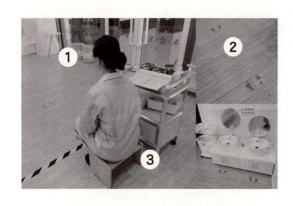

1 保持接待区域整洁宽敞、通畅。

2 可在墙面、地面上设置简明易懂的指示标识,方便家长和婴幼儿辨识并且有序进出、排队。

3 保健员以坐姿为婴幼儿晨检,晨检时动作轻柔且迅速,如条件允许,可围绕晨检情况和家长进行简单、必要的交流。

4 可在机构入口设置换鞋柜，让婴幼儿进入活动室时更换室内鞋，这可减少室内的灰尘和清洁的工作量。

5 需要注意柜体的稳定性和安全性。

6 如果不是年纪很小的婴幼儿，换完鞋子后就要和爸爸妈妈说再见了。进去以后，需要幼儿自己把书包、衣物等一系列随身物品放到收纳柜里，因此，一个适宜婴幼儿存放物品的开放式矮柜非常必要。

7 有向家长发布信息的布告栏。布告栏的设置要清晰、整齐，以确保家长能够轻松获取相关的信息。

8 接待环境整洁、美观。

9 有可供家长等候、安抚婴幼儿时就座的区域。

我们要做的是

① 按规定提前做好活动室环境的准备，确保玩教具及设施设备的安全，环境卫生整洁。
② 提前了解班级里每个婴幼儿家庭安抚的方式和策略以便接待时应用。
③ 在门口迎接家长和婴幼儿，礼貌地向家长问好，蹲下来和婴幼儿面对面、微笑地打招呼。关注婴幼儿来园的情绪，必要时予以安抚，让婴幼儿感到安全、舒适，尽快适应机构一日生活。
④ 协助婴幼儿完成换鞋、放置书包、整理衣物等自我服务内容，有意识地培养婴幼儿的良好习惯。
⑤ 运用"家园联系册"、沟通询问等多种方式快速、有效地向家长了解婴幼儿当日的身体状况及需要特别照料的事项。
⑥ 和家长友好地交谈，成为婴幼儿在园的依恋对象。

观察要点

① 家长及婴幼儿的情绪状态如何？
② 婴幼儿的健康情况如何，是否有精神不振、面红发烧等状况？
③ 婴幼儿穿戴是否方便参与各类活动，是否有安全隐患？
④ 家长是否给婴幼儿自我服务的机会，比如让婴幼儿自己换鞋、自己放东西等？

如何做

1. 提前了解班级里每个婴幼儿安抚的方式习惯；做好接待、安全检查和必要的情绪安抚

    我需要观察： 家长及婴幼儿的情绪状态如何？

    当婴幼儿不愿意和家长分开，有分离焦虑时：
    请婴幼儿主要依恋的保育人员接待他，用共情和倾听的方式陪伴婴幼儿，不强行抱婴幼儿或把他带离现场。

可主动和婴幼儿的家长握手，表示友好，让婴幼儿感到安全。

"宝宝很难过，我知道你不想和妈妈分开，我在这里陪着你。"

请家长微笑和他告别，并尽快离开。由保育人员继续陪伴、安抚婴幼儿，直到婴幼儿情绪平复下来。

"我们和妈妈说再见，妈妈下午会准时来接你的。"

2. 协助婴幼儿完成换鞋等自我服务的事项

我需要观察： 家长是否给婴幼儿自我服务的机会，比如让婴幼儿自己换鞋、自己放东西等。

当婴幼儿在活动室门口自我服务不熟练或者遇到困难时

观察家长是否急于提供帮助，提醒家长尽量放手让婴幼儿自我服务。

必要时，示范如何协助婴幼儿完成自我服务，并结合具体事项向家长说明给婴幼儿自我服务机会的重要性以及方法。当婴幼儿自己尝试成功时，及时鼓励婴幼儿，并帮助家长学会欣赏和肯定婴幼儿的能力。

"我看到宝宝已经找到鞋子搭扣了，慢慢来，你一定可以的！"

需要注意的事项

① 禁止婴幼儿穿戴/携带有安全隐患的饰品、衣物、小玩具等。
② 不可用粗暴的方式要求婴幼儿和家长分开，这样做只能给婴幼儿带来更多的焦虑和害怕情绪。
③ 避免用恐吓、威胁的方式要求婴幼儿停止哭闹，这样做也许会让婴幼儿停止哭闹，但同时也严重破坏了婴幼儿的心理安全感，阻碍他们对机构生活的适应。
④ 避免用非常大的声音和婴幼儿打招呼，或者给婴幼儿突如其来的拥抱和亲吻，这样做可能会让某些敏感的婴幼儿感到害怕，引发不安的情绪。
⑤ 要令家长感到备受欢迎。确保问候每个婴幼儿和家长，通过这些言行举止告诉家长和婴幼儿：我们想要和他们建立协作关系。
⑥ 接待时的安保要求、晨检要求等要符合相关文件、制度的规定。

餐点

餐点包括婴幼儿在托育机构的午餐和点心。进餐环节中,婴幼儿逐渐掌握使用餐具、自己擦嘴、自己拿送碗勺/食物、整理餐具、餐后漱口等自我服务的方法,从而促进精细动作、规则意识等各方面的综合发展。

进餐过程中出现各种行为习惯问题是比较常见的现象,比如等待喂饭、边吃边玩等。因此,保育人员应重视餐点时间,将自我服务等能力的习得贯穿于整个餐点过程,减少强制的练习,耐心细致地照顾婴幼儿,通过提供支持自我服务和自主进餐的环境、营造愉悦的进餐氛围、同步示范、拆解步骤等方法让婴幼儿自然习得,提升生活自理能力。

环境与布局

根据托育机构布局的不同,婴幼儿进餐的地点有两种:一种是在专门设置的婴幼儿餐厅;一种是在活动室里进餐。

1. 无论是餐厅,还是室内区角的进餐环境,都要确保光线充足。
   明亮整洁的进餐环境可以让婴幼儿在充满愉悦情绪的体验下进餐。

2. 桌子铺设桌布,摆放一些小绿植,营造温馨舒适的进餐环境。
   进餐环境应尽可能减少干扰以便婴幼儿能专心进餐。

3. 餐桌之间的距离,以及婴幼儿座椅间距要宽敞,便于其自由地起身和走动,这样可以在婴幼儿需要自己拿取食物、拿送碗勺时,保证他们安全、顺利地完成自我服务,也方便保育人员的及时照料。

4 准备餐垫或餐盘、方便婴幼儿自己穿戴的围兜等，可以将餐具整套放置在餐具储物柜中，让大一点的婴幼儿自己拿放餐具，促进他们自我服务能力和规则的养成。

5 水杯、餐具的大小、重量等要安全、适合婴幼儿使用和操作。

我们要做的是

① 确保进餐环境的卫生，按规定提前做好消毒等各方面的准备。
② 提前了解班级里每个婴幼儿的进餐方式、习惯、规律及过敏原等健康信息。
③ 营造舒适的进餐氛围，帮助婴幼儿获得愉快的进餐体验。
④ 帮助婴幼儿建立及养成良好的进餐规律和习惯。
⑤ 为他们提供准备进餐环境的机会，使他们能学会一些基本的进餐规则和礼仪。
⑥ 协助婴幼儿掌握自己拿勺子、端碗喝汤、擦嘴擦手等自我服务的技能，逐渐能独立完成进餐。照顾较小的婴幼儿或有特殊需要的婴幼儿完成进餐。
⑦ 记录婴幼儿每日在机构的进餐情况，根据需要向家长做好反馈。

观察要点

① 婴幼儿是否主动参与并能独立完成进餐准备？
② 婴幼儿是否能独立进餐？使用餐具的情况如何？
③ 进餐中，婴幼儿出现了哪些"状况"，他们是否需要帮助？

④ 进餐结束，婴幼儿是否会自己整理物品，如把餐盘放置到指定位置等。

如何做

1. 为婴幼儿提供参与进餐准备的机会

   我需要观察： 婴幼儿是否主动参与并能独立完成进餐准备？

   当婴幼儿有能力完成进餐的自我准备时：

   邀请婴幼儿一起铺好桌布/摆放餐垫，鼓励婴幼儿为自己放置好餐具：

   "明明，可以帮我铺好桌布吗？非常好，这边有点长了，帮我往你那边拉一拉，谢谢你！"（对于婴幼儿来说，他们还不能像成人一样做到尽善尽美，但愿意参与以及帮助的这个过程非常重要，要鼓励他们）

   鼓励婴幼儿自己拿取食物。自主选择和拿取食物让婴幼儿体验到在进餐上的自主权，体验到被信任，这有助于他们更愉快地进餐，也有助于增强他们的自信心，同时也可锻炼婴幼儿使用餐具的能力。

   "玥玥，自己来拿水果，非常好，我看到你夹了几片苹果片，苹果片香香脆脆的，相信你一定会喜欢。"

   鼓励婴幼儿自己围好围兜，对有需要的婴幼儿提供适当的支持。围围兜也是一项简单的穿衣技能。能够自己围上围兜对婴幼儿来说也是一件非常值得骄傲的事情。保育人员应耐心地示范穿戴要领，适当地等待他们尝试，如确有需要可给予适当的帮助。

   "宝宝，吃饭前先围好围兜，像我这样，你自己试试吧。"

   "看来你的确需要我的帮助，两只手拿起来，把围兜套在脖子上，很好，现在整理一下，你准备好了，可以吃饭了。"

   对于正在学走的婴幼儿，可以请他自己坐到椅子上，请大一点的幼儿协助帮忙夹取食物等。

2. 帮助婴幼儿学习使用餐具，逐渐掌握独立进餐的方法

   我需要观察： 婴幼儿是否能独立进餐？使用餐具的情况如何？

   当婴幼儿不能独立进餐，但愿意自己尝试时：

   为他们先盛放少量的餐食，在允许他们用自己的方式进餐（如手抓食）的同时鼓励他们尝试使用勺子。当婴幼儿吃完时，再添加一点，每次让他能体验到吃完的成就感，激发他们自主进餐的积极性：

"哇，乐乐把小碗里的饭都吃完了，你还需要再加一些吗？"

平时在娃娃家等游戏中，多提供工具，帮助他们锻炼使用工具的能力。

<u>当婴幼儿不能独立使用餐具完成进餐时：</u>

由于月龄小或者家里带养的问题，有些婴幼儿不能独立进餐，这就需要保育人员循序渐进地培养婴幼儿的能力。可以让婴幼儿坐在餐椅上，保育人员坐在对面安静地给他喂食。如果婴幼儿自己用手抓食，尊重并满足婴幼儿的需求。

"你要自己吃，好的，你吃到了。""这里有勺子，你可以用手，也可以试试勺子。"

3. 关注婴幼儿进餐过程中的"状况"，并做好及时回应的准备

我需要观察： 进餐中，婴幼儿出现了哪些"状况"，他们是否可以自己解决？

<u>当婴幼儿进餐过程中出现情绪问题（哭闹）时：</u>

此时不要急于喂饭，以免造成异物窒息等意外事件。

蹲在婴幼儿旁边，安抚或抱抱他，轻柔地和婴幼儿讲话，帮他擦去眼泪，让他感受到关爱。尽可能快速地分析他情绪产生的原因，以便更有针对性地给予安抚。必要时，可将婴幼儿抱离进餐区域，待其情绪稳定后再回来进餐。

"小宝，我在这里，你一定遇到了不开心的事情，来抱抱，和我说说不开心的事？"

<u>当婴幼儿吃得很慢或者不肯自己好好吃饭时：</u>

导致婴幼儿吃得慢或不肯吃的原因有很多，这需要保育人员综合分析：

有的婴幼儿来到机构还保留着家里的进餐习惯，比如边吃边玩等，这可以尝试通过同伴的榜样作用，鼓励他们自己专心吃饭。

有的婴幼儿在家中已经吃过早餐，且距离早点的时间很近，那么婴幼儿很有可能吃不下，这个时候，不要强迫进食。

有的婴幼儿惦记着去区域玩而不肯好好进餐，保育人员需要重新调整进餐环境的设置，为婴幼儿营造一个专心、安静进餐的环境。

<u>当婴幼儿挑食和厌食时：</u>

家园合作共同调整非常重要，了解婴幼儿在家庭中的进餐习惯、饮食的喜好等。比如婴幼儿可能不

喜欢咀嚼块状食物或者不喜欢某种味道等，了解了这些信息后，有助于合理安排进餐环节，并给予婴幼儿个性化的帮助。

保育人员还可以利用娃娃家游戏，与婴幼儿角色互换，通过游戏的方式帮助婴幼儿理解挑食这件事和身体成长的关系等。

4. 进餐结束，和婴幼儿一起收放餐具

我需要观察： 进餐结束，婴幼儿是否会自己整理物品？

进餐结束，鼓励婴幼儿将自己的碗筷收放到指定地点，也可以尝试让婴幼儿帮助清理桌面、地面等。

"宝宝，吃完了，请把餐具送到回收车上，谢谢！"

需要注意的事项

① 可通过音乐提醒等方式告知婴幼儿开始餐点活动。

② 尊重和鼓励婴幼儿积极地尝试自我服务，尽可能为他们的自我服务提供条件和机会。

③ 在满足婴幼儿自我服务需要的同时，保育人员也要做好接受婴幼儿可能带来的脏乱等各种小状况；只有当保育人员做好应对这些状况的物质和心理准备时，才不会对这些状况感到恼怒。

④ 了解婴幼儿提出照顾需求的方式（发脾气、哭闹等），及时回应，引导婴幼儿用肢体语言、简单的描述等方式回应保育人员的问题。

⑤ 整个进餐过程，要关注婴幼儿的发展水平，不能为了尽快完成进餐而敷衍了事、完全代劳，或用严厉的方式教育婴幼儿要吃干净、吃得快。

⑥ 关注婴幼儿生活习惯养成过程中出现的问题，视此为教育的契机，重视和家庭的协作，共同促进婴幼儿进餐方面的习惯养成和自我服务能力的培养。

⑦ 进餐环节的照料、卫生保洁、安全等要求要符合相关文件、制度的规定。

进餐中的意外防护

进餐过程中，应避免婴幼儿出现被食物卡住的现象，为防止意外发生，保育人员要掌握异物窒息等急症救助的基本方法。

当婴幼儿发生异物窒息时[1]：

发现婴幼儿气管有异物，首先要仔细检查婴幼儿的口腔及咽喉部，如在可视范围内发现有异物阻塞气管，可试将手指伸到该处将阻塞物取出，如果此处理失败，则可试用拍背法或推腹法进行急救。

① 拍背法。保育人员取坐位，将婴幼儿放在双腿上，婴幼儿胸部紧贴保育人员的膝部，头部略低。保育人员以适当力量用掌根拍击婴幼儿两肩胛骨之间的脊椎部位，异物有时可被咳出。

② 推腹法。将婴幼儿仰卧平放在适当高度的桌子或床上，保育人员站在婴幼儿左侧，左手放在婴幼儿脐部腹壁上，右手置于左手的上方加压，两手向胸腹上后方向冲击性推压，促进气管异物被向上冲击的气流排出。如此推动数次，有时也可使异物咳出。

以上两种方法如有异物排出，保育人员要注意迅速从口腔内清除阻塞物，以防再度阻塞气管，影响正常呼吸。如经上述方法无效，要立即送医治疗。

警惕

① 重视婴幼儿身体发育情况，对于营养不良、肥胖、贫血等婴幼儿要予以特别关注，联合营养员、保健员共同为婴幼儿制定合理的营养膳食。
② 指导家长合理安排婴幼儿在家的营养膳食。

观察记录表

一日生活照料情况记录表（参考附件2）

---

[1] 丁昀. 育婴师：国家职业资格三级 ［M］. 北京：中国劳动社会保障出版社，2006.

睡眠

睡眠直接影响着婴幼儿的身体健康、生长发育、游戏的情况。在这一环节中，婴幼儿从逐渐适应独立入睡到慢慢学会并能完成午睡前后的自我照料，这不仅促进了婴幼儿精细动作的发展，也为其生活自理能力的养成提供了良好的锻炼机会。

受到婴幼儿入睡习惯、家庭带养方式、气质性格等因素的影响，婴幼儿的睡眠习惯会有很大不同，保育人员也会遇到很多睡眠照料的问题，比如有些婴幼儿进入托育机构后会出现难入睡、要哄睡、总哭闹等情况。因此，保育人员需要详细了解每位婴幼儿睡眠的情况，采用观察、协助、安抚、回应等策略，让婴幼儿在午睡环节中得到充分照顾的同时，促进其自我服务能力的发展和良好睡眠习惯的养成。

环境与布局

如果机构设有独立的睡眠室，环境上应考虑以下 4 点。

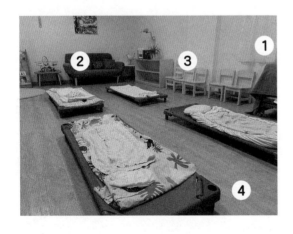

1. 选择合适的遮光窗帘，确保室内光线既能保证婴幼儿睡眠，同时也不影响保育人员的巡视和观察。

2. 准备一个舒适的安抚区，铺设地垫，或提供桌椅。当婴幼儿哭闹或需要哺喂时，保育人员可在该区域协助或者安抚。

3. 为婴幼儿准备一个储物空间，婴幼儿睡前睡后可以自己尝试整理衣物，拿放自己的物品等。

4. 每张床之间要留出足够宽的间隔。

如果机构没有独立的睡眠室：

可考虑提供移动小床或睡袋。使用睡袋可以允许婴幼儿自己在活动室内挑选适宜的位置睡觉，这对他们来说应该是一个非常开心的事情。

另外，应该为小婴儿提供带护栏且高度、宽度适宜的小床。

我们要做的是

① 按规定做好睡眠环境的准备，确保空气清新卫生、整洁。
② 提前了解班级里每个婴幼儿睡眠的方式、习惯和规律，并帮助他们建立良好的睡眠习惯。
③ 观察婴幼儿入睡前的情绪，协助婴幼儿做好入睡前的准备及相关安全等方面的检查，如，拿掉发卡等。
④ 照顾和安抚入睡困难的婴幼儿。睡眠期间做好巡视，并照顾有大小便等各种需要的婴幼儿。
⑤ 照料婴幼儿起床，创造机会和条件支持婴幼儿的自我服务。
⑥ 记录婴幼儿每日在机构的睡眠情况，根据需要向家长做好反馈。

观察要点

① 婴幼儿是否愿意并能自己脱衣服、叠衣服、铺被子等，做好睡前准备？是否需要保育人员的帮助？
② 婴幼儿身上是否有一些存在安全隐患的小物品？是否有含食物等情况？
③ 婴幼儿入睡的习惯和偏好是什么？有哪些入睡程序？入睡前是否有情绪问题？是否需要保育人员的特别安抚？
④ 午睡过程中，婴幼儿是否有哭泣、趴睡、踢被、蒙头、睡不着、尿床等状况发生？
⑤ 午睡起床后，婴幼儿情绪状态如何？是否愿意并能完成自己穿衣服等自我服务的事情，是否需要保育人员的帮助？

如何做

入睡前

1. 协助婴幼儿脱衣服、整理衣物和被子

   我需要观察： 婴幼儿是否愿意并能自己脱衣服、叠衣服、铺被子等，做好睡前准备？是否需要保育人员的帮助？

   当婴幼儿还不能独立穿脱衣物时：

   示范并协助他们：保育人员可以先叠好衣服的一只袖子，并让婴幼儿照着做。

   "宝宝，我想你一定很想把衣服叠好，我们一步步来，把另外一只袖子折过来，太棒了，你做到啦！"

   在日常游戏和生活中，多给婴幼儿自己穿脱衣服的练习机会，多和婴幼儿玩给娃娃洗澡、照顾娃娃睡觉等游戏，在游戏中锻炼婴幼儿的手部动作。

   如果婴幼儿年龄较小，鼓励他们配合保育人员穿脱衣服。

2. 做好睡前的安全检查，杜绝睡眠中意外的发生

   我需要观察： 婴幼儿身上是否有一些存在安全隐患的小物品？是否有含食物等情况？

   帮助女孩拿掉并妥善保管小发饰：

   "宝宝，我们把发夹放在这个盒子里，在你们睡觉时我会帮他们照看好，放心哦。"（婴幼儿可能会怕自己的物品找不到，而睡眠不安心）

   检查婴幼儿是否把小玩具、物品等带上床：

   "宝宝，小玩具也要睡觉的，请你把玩具放在玩具柜子里，睡醒以后可以继续玩。"

   有依恋情绪的婴幼儿，会带着小娃娃等物品，可把这些"依恋物"给到婴幼儿，不要强制拿走这些"依恋物"，但需要对依恋物做好安全检查。

午睡过程中

照看好婴幼儿的睡眠，及时处理他们睡眠过程中出现的各种"状况"

我需要观察： 午睡过程中，婴幼儿是否有踢被、睡不着、尿床等状况发生？是否有蒙头睡等危险的睡姿？

当婴幼儿有些特殊的入睡习惯，不能自己独立入睡时：
采用从家庭了解到的婴幼儿的入睡习惯帮助他入睡，多陪他一会。
"宝宝，要睡觉咯，这是你的小毯子，抱抱好，我会像妈妈一样摸着你的小手。"

当婴幼儿一直睡不着时：
分析婴幼儿睡不着或不肯睡的原因，太兴奋？没有午睡习惯？害怕？针对不同的原因给予不同的回应。
如婴幼儿怕黑，缺乏安全感而不肯闭眼睛睡觉时：保育人员可以陪伴在婴幼儿身旁安抚，帮助婴幼儿放松。
"宝宝现在可以闭上眼睛睡觉了，对，就是这样，我会一直在这里，不要担心。"
平时，可以通过多给婴幼儿读读故事、玩娃娃家游戏等帮助婴幼儿理解睡觉这件事，舒缓他害怕的情绪。

起床后

及时发现婴幼儿的需要，给予婴幼儿充足的时间完成自我服务

我需要观察： 午睡起床后，婴幼儿情绪状态如何？是否愿意并能完成自己穿衣服等自我服务的事情，是否需要保育人员的帮助？

当婴幼儿睡醒后情绪不错，并愿意尝试自我服务时：
鼓励婴幼儿自己尝试穿衣、叠被等，并在有需要时提供配合语言和动作的支持和帮助。
"慢慢来，不着急，可以先把头套进这个洞里，对的，就是这样。然后……"

当婴幼儿尿床但却没有告诉保育人员时：
及时帮助他们更换衣物，不可责怪婴幼儿。
耐心观察，分析婴幼儿没有告诉保育人员的原因，是害羞？害怕批评？还是不会求助？针对不同原因

—生活活动的操作指引—

给予不同的回应方式。如婴幼儿可能是不会表达和求助，保育人员示范一些表达需要的方法：

"宝贝，你的裤子湿了，这一定让你很不舒服，下次你可以说'老师，帮帮我'，我会及时来帮助你。"

"换好了，现在感觉一定很不错，小屁屁舒服了吧。"

需要注意的事项

① 向家庭了解婴幼儿的睡眠习惯、依恋物等情况。

② 为婴幼儿提供充足的、从容的时间来做好睡前准备以及起床后的整理。

③ 婴幼儿睡眠过程中，不可随意离开睡眠室，要时时观察婴幼儿的睡眠情况。

④ 午睡结束离开时，要确保没有婴幼儿被单独留在午睡室。

⑤ 保育人员确保婴幼儿都整理好了衣物、没有尿湿被褥等各种情况。

⑥ 了解家中婴幼儿睡眠就寝的一些习惯，重视与家庭协作，和家庭共同培养婴幼儿睡眠的习惯以及自我服务能力。

⑦ 睡眠环节的照料、卫生保洁、安全等要求要符合相关文件、制度的规定。

观察记录表

一日生活照护情况记录表（参考附件2）

如厕

婴幼儿的排尿生理、排便生理是一个逐渐发展的过程。随着婴幼儿逼尿肌、括约肌以及神经系统的不断成熟，到了2—3岁时，幼儿开始会主动表示大小便，白天也基本不尿湿裤子了。3岁末时，幼儿晚上也能控制大小便、不尿床。但就像其他技能一样，每个幼儿都有自己的发展节奏，不是所有的幼儿都在同一个时期获得这种能力，有的幼儿早些，有的则晚些，还有的幼儿即便学会了，也会有"倒退"的过程，出现尿裤子、尿床等现象。

受文化背景的影响，家长们对婴幼儿如厕这件事也有着不同的观点和做法，有些认为需要自然引导或干预训练，有的则认为应顺其自然，婴幼儿大了自然会学会，所以，在2—3岁期间他们依旧让幼儿保留穿纸尿裤的习惯。

保育人员在照料婴幼儿如厕时，应遵循婴幼儿的自然成熟规律，尊重家长的意见，在婴幼儿如厕时间、方式上有所差异。同时，也应加强与家长的沟通及合作，在如厕习惯的培养上保持一致。

环境与布局

如厕区域一般与婴幼儿的活动室或生活区相邻，便于婴幼儿随时使用。该区域包含婴幼儿专用的卫生器具、换尿布区、洗手池、淋浴设施，婴幼儿在该区域内可以进行如厕、更换尿布、手部与身体部位的清洁等，练习相关的生活能力以及逐步养成良好的卫生习惯。

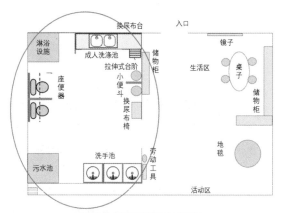

婴幼儿如厕区域平面示意图

① 充足的阳光以及时刻保持干燥的地面，这些都可以有效减少细菌量，让如厕区域更加整洁、明亮。

② 半通透的设计，考虑了保育人员的视线范围。让保育人员在照护婴幼儿如厕时也能兼顾观察到其他活动区域的婴幼儿。

③ 坐便器：高度宜为25厘米以下，以婴幼儿坐下时双脚能着地为宜。

④ 低矮的隔断既能保护婴幼儿的隐私，也不会遮挡保育人员的视线，兼顾了婴幼儿如厕时的私密性和安全性。

⑤ 如厕区位置的选择应临近婴幼儿活动区，便于婴幼儿随时使用，也便于保育人员同时兼顾多名婴幼儿。

⑥ 小便斗：高度应符合婴幼儿身高，小便斗下边缘至地面的高度不高于30厘米。

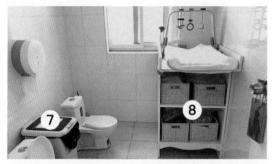

⑦ 带盖垃圾桶：用于丢弃使用过的卫生纸及尿布，减少污染。

⑧ 矮柜：用于放置干净的纸尿片等常用物品。

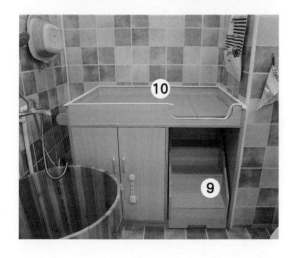

⑨ 带楼梯的换尿布床，婴幼儿可自己上下床。嵌入、拉伸式的楼梯设计更节约空间。

⑩ 换尿布台：照护人员为婴幼儿更换尿布时使用。

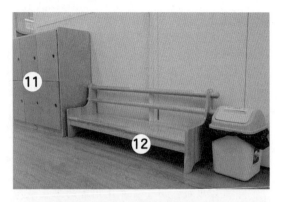

⑪ 低矮储物柜：用于放置婴幼儿的个人物品，在更换纸尿片、衣物时婴幼儿可以自己取用。

⑫ 宽敞的婴幼儿椅：供婴幼儿自主穿脱提拉式尿布时使用。

⑬ 婴幼儿洗手池：高度以洗手时水不倒流为宜，50～55厘米高；宽度为40～45厘米。

⑭ 清洁用品（洗手液、肥皂、擦手纸、毛巾等）：应放置在水龙头边，且方便婴幼儿使用。

⑮ 洗浴设施及婴幼儿洗护用品：供保育人员为婴幼儿清洁身体时使用。

我们要做的是

① 按规定做好盥洗环境的消毒保洁。
② 了解班级里每个婴幼儿的排便方式、习惯和规律。
③ 在入园、游戏等各个环节中,观察婴幼儿的排便信号并给予及时回应,帮助婴幼儿学习主动如厕,建立良好的如厕习惯。
④ 观察婴幼儿大小便里的健康信号,及时发现身体异常。
⑤ 记录婴幼儿每日在机构的如厕情况,向家长做好反馈。

观察要点

① 婴幼儿是否有便意,会主动表达吗?穿着纸尿裤的婴幼儿是否需要更换?
② 婴幼儿是否会自己穿脱裤子,需要成人协助吗?
③ 婴幼儿排便时会坐便盆吗?婴幼儿(男)会站立排尿吗?
④ 婴幼儿大小便的颜色、性质以及臀部、阴部的皮肤是否有异常?
⑤ 婴幼儿便后是否有洗手的习惯,是否需要协助?

如何做

如何照护使用小便器的婴幼儿

1. 悉心观察婴幼儿的便意并及时给予回应

   我需要观察: 婴幼儿是否有便意,会主动表达吗?

   当婴幼儿用语言主动表达便意时:
   及时用语言回应婴幼儿的需求,并陪伴他进入盥洗室。

"宝宝想小便（大便）了，我们赶快去厕所吧。"

<u>当婴幼儿会用肢体动作表达便意或排便信号时：</u>

示范用规范的语言表达便意，并带婴幼儿进入盥洗室。

"宝宝要小便（大便）了，我们去厕所小便。"

2. 观察婴幼儿是否会自己穿脱裤子，对需要协助的婴幼儿提供支持与鼓励

> **我需要观察：** 婴幼儿是否会自己穿脱裤子，需要成人协助吗？

<u>当婴幼儿能够自己完成时：</u>

耐心陪伴在婴幼儿身边，等待婴幼儿完成，并用语言对婴幼儿完成的过程给予肯定（如，用了什么方式去完成，有没有努力地去尝试等）。

"宝宝，你会抓住裤腰往下脱，这个办法真不错。"

<u>当婴幼儿不会或者不熟练时：</u>

用语言提示婴幼儿操作步骤，鼓励他动手尝试。

"宝宝，先把裤子脱下来。"

"是的，就是这样，慢慢来，你做得很好。"

如果婴幼儿的便意较急，成人可协助完成并将步骤解释给婴幼儿听。

"宝宝，我们先脱下裤子，然后坐在便盆上小便。"

<u>当婴幼儿遇到困难无法继续完成时：</u>

询问他是否需要成人的帮助。如果需要，成人给予适当辅助。如果不需要，保育人员耐心等待其尝试。

"宝宝，裤子卡住了是吗？需要我帮忙吗？"

3. 观察婴幼儿的排尿/排便姿势，及时进行提示或引导

> **我需要观察：** 婴幼儿排便时会坐便盆吗？婴幼儿（男）会站立排尿吗？

<u>当婴幼儿能够自己完成时：</u>

在不远处关注幼儿，耐心等待婴幼儿自己完成。

当婴幼儿不会时：

用语言提示婴幼儿操作步骤，鼓励婴幼儿自己完成。如果婴幼儿的便意比较急，成人可协助完成，并将步骤解释给婴幼儿听。

"宝宝，我们先脱下裤子，然后坐在便盆上小便。"

当婴幼儿尿湿裤子时：

关注婴幼儿的情绪，和婴幼儿交流正在做的事，说说身体的感受。

"宝宝，尿布/裤子脏了，我们现在需要把它脱下来。"

"湿裤子穿在身上，是不是有些不舒服呀？"

动作轻柔、耐心地给婴幼儿清洁臀部、会阴、洗澡或擦澡，并协助其穿上干净的衣物。避免流露出异于日常的情绪或语调。淋浴、更衣时室温建议为 25℃。

4. 观察婴幼儿大小便的颜色、性质以及臀部、阴部的皮肤，发现异常时，及时采取措施

   我需要观察： 大小便颜色、性质以及臀部、阴部的皮肤是否有异常？

   当发现异常时：

   及时与保健员、家长联系，根据情况采取进一步措施，并在"一日生活照护情况记录表"中进行记录。

5. 观察婴幼儿便后是否有洗手的习惯，及时进行提示或支持

   我需要观察： 婴幼儿便后是否有洗手的习惯，是否需要提醒或协助？

   当婴幼儿会自己洗手时：

   耐心陪伴在婴幼儿身边，等待婴幼儿完成，并用语言对婴幼儿完成的过程给予肯定（如，用了什么方式去完成，有没有努力去尝试等）。

   "宝宝会先把袖子卷起来再洗手，这个办法真好，这样衣袖就不会弄湿了。"

   当婴幼儿不会洗手或不熟练时：

   用语言提示婴幼儿操作步骤，鼓励他试一试，随后，耐心等待他的尝试。

   "宝宝，打开水龙头，小手冲一冲。抹上洗手液，小手搓一搓。"

   "哇，你搓出了许多泡泡。"

6. 全部完成后，请婴幼儿回到活动室中，成人洗净双手

如何照护使用尿布的婴幼儿

1. 根据婴幼儿的排便规律，定时检查尿布是否需要更换

   >我需要观察： 尿布是否存了尿液或是否大便了？

   "宝宝，我们看看尿布是不是需要更换了呢？"

   当婴幼儿的尿布已满或将便便拉在尿布里时：

   告诉婴幼儿要更换尿布了，并带婴幼儿去换尿布区域。

   "宝宝，我们要换尿布了。"

   将婴幼儿脏的尿布脱下、清洁臀部、会阴并换上干净的尿布，边做边将正在做的事说给婴幼儿听。

   "我们先把脏尿布拿下来。"

   当婴幼儿穿着的是提拉式尿裤时：

   鼓励婴幼儿自己更换，保育人员耐心陪伴在婴幼儿身边并观察是否需要提供支持。（当发现婴幼儿遇到困难时的应对方式，请参照"照护使用小便器的婴幼儿"中的相应内容）

2. 协助婴幼儿穿脱裤子，并关注婴幼儿更换尿布后是否有洗手的习惯，及时进行提示或支持

   （教养方式请参照"如何照护使用小便器的婴幼儿"中的相应内容）

这些时候，需要对婴幼儿的排便情况更多地关注

① 在婴幼儿大量饮水后的半小时左右。

② 在婴幼儿长时间专注活动时。

③ 在婴幼儿当天身体不适时。

④ 当家长请你特别关注时。

需要注意的事项

① 提前向家长了解婴幼儿的排便习惯、熟悉的用语等，在与家长协商的前提下，对婴幼儿进行如厕的照顾。

② 尊重、顺应婴幼儿已经建立的生理节律、排便习惯，帮助他们循序渐进地学会自主如厕。
③ 除睡眠前后集中如厕外，其余时间的如厕均基于婴幼儿的生理需要或提醒进行，避免统一组织。
④ 在一对一的互动、交流中照顾婴幼儿如厕。在婴幼儿弄脏裤子时，不指责、嘲笑、挖苦他们。
⑤ 提供婴幼儿学习如厕的机会，鼓励他们自己动手，并在他们需要时及时给予协助。
⑥ 避免在卫生间或换尿布区以外的场所照顾如厕，以免忽略婴幼儿的隐私与环境的卫生。
⑦ 如厕环节的照料、卫生保洁、安全等要求要符合相关文件、制度的规定。
⑧ 在照顾婴幼儿如厕的过程中，请时刻思考以下问题：

我是否提供了婴幼儿自己动手学习的机会？

婴幼儿是否还可以尝试更多的可能？

我是否与婴幼儿进行了语言交流？

警惕

异常大小便是婴幼儿疾病的信号，要引起警惕。当发现婴幼儿的大小便异常时，及时与保健员、家长联系。

观察记录表

一日生活照护情况记录表（参考附件2）

离园

离园时间是婴幼儿一日在园生活的结束，意味着和保育人员暂时告别，回到家中。这个时间和来园时间一样，也是保育人员和家长见面沟通的重要时段，而且保育人员更有机会和家长做较为深入的沟通。

环境与布局

离园接待的区域一般是在活动室门口或者在园所门口区域。像来园接待时一样，确保接待区域保持通畅的过道和开阔的视野。

① 提供温馨、舒适的休憩茶饮区域。这将会营造一种放松的氛围。周围可以放置婴幼儿的成长档案或者作品，也便于在交流的时候使用。

② 设有可与家长单独交流的空间，家具设置适宜成人使用。需要确保与家长面谈的过程中不被他人打扰。

我们要做的是

① 恢复活动室物品秩序。保育人员和婴幼儿一起把活动室的物品整理归位。引导婴幼儿整理好个人物品（如水壶、书包）。

② 与有需要的家长沟通婴幼儿一日在园生活情况。就婴幼儿这一日中发生的重要事件以及需要向家长了解的一些情况，和家长进行沟通。沟通时间一般控制在 5 分钟左右。

③ 放低身姿，和婴幼儿目光对视，面带微笑地和他说再见。

观察要点

① 婴幼儿是否可以做好自我服务，如自己换鞋，自己把水杯放入小书包等?
② 家长是否是婴幼儿的监护人或者约定来接婴幼儿的人?
③ 婴幼儿见到家长的时候在做什么、情绪状态如何?
④ 家长的情绪状态如何，是否有想要表达的想法或者想要沟通的事情?

如何做

1. 和婴幼儿提前做好离园准备，提供婴幼儿自己整理物品的机会

   我需要观察： 婴幼儿是否可以做好自我服务，如自己换鞋、自己把水杯放入小书包等。

   当婴幼儿不会整理自己的物品时：

   将整理物品的任务拆分成婴幼儿可以完成的小任务，比如：首先，请婴幼儿找到自己的物品；其次，请宝宝把这些东西塞进小书包。

   "宝宝，先把你的东西都找出来给我。"

   "属于你的东西都找到了，接下来，我们把它们一样样装进书包里。"

2. 送别婴幼儿，和有需要的家庭进行个别化沟通交流

   我需要观察： 家长是否是婴幼儿的监护人或者约定来接婴幼儿的人；婴幼儿见到家长的时候在做什么、情绪状态如何；家长的情绪状态如何，是否有想要表达的想法或者想要沟通的事情。

   当家长来接，婴幼儿还想继续玩而不愿意马上离开时：

-生活活动的操作指引-

如果时间和条件允许，保育人员可以等待一会，和婴幼儿做好约定，满足婴幼儿的游戏需求。

如果条件不允许，需要婴幼儿尽快离开，保育人员也需要保持耐心，用温和的语气告诉婴幼儿现在必须要离开了，然后，拉起婴幼儿的手，或者抱起婴幼儿离开活动室。这个过程中，婴幼儿可能会有哭闹情绪，保育人员和家长需要注意接纳婴幼儿的情绪，不要让婴幼儿哭闹的情绪引发保育人员的不良情绪。

"宝宝还没玩够，还想玩。可是现在爸爸已经来接宝贝了，宝贝必须要和爸爸回家了。这个玩具我帮你留好，明天你来了可以继续玩。"

需要注意的事项

① 避免用心不在焉的方式和婴幼儿告别，这样做会给婴幼儿以及家长不被尊重的感觉。
② 避免擅自处理婴幼儿的物品，比如没有经过婴幼儿的允许就把婴幼儿的东西丢掉或者分享给其他小朋友。
③ 避免吓唬婴幼儿："家长不来接你了"或者"今天你不能回家了"，这样做会严重损伤婴幼儿的安全感。
④ 当等待家长来接的时候，确保婴幼儿的安全。
⑤ 要令家长感到备受欢迎。确保问候每个婴幼儿和家长，通过这些言行举止告诉家长和婴幼儿：我们想要和他建立协作关系。

观察记录表

① 一日生活照护情况记录表（参考附件2）
② 家园沟通情况记录表（参考附件3）

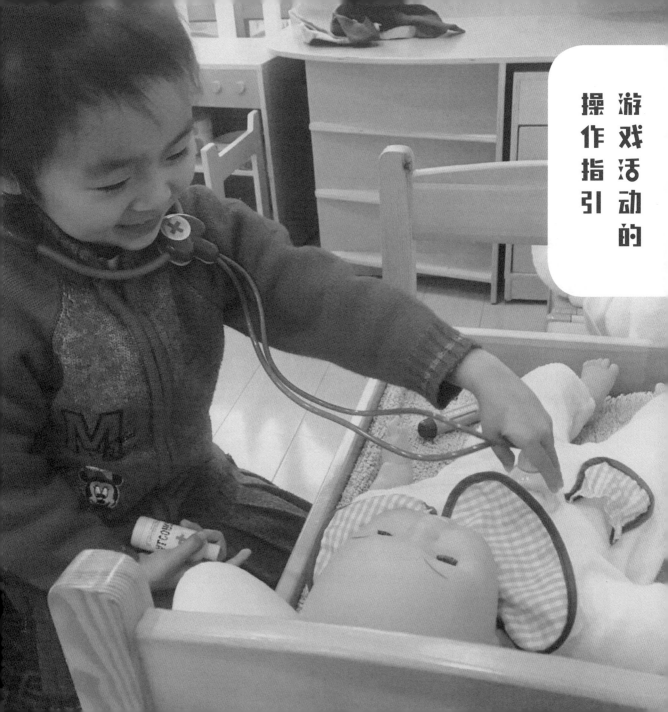

游戏活动的
操作指引

自由游戏活动

在丰富的、舒适的游戏环境中,一个婴幼儿坐在书架旁边的小沙发上翻看着故事书,一个婴幼儿和另一个婴幼儿在地毯上摆弄玩具,一位保育人员和婴幼儿在娃娃家玩,同时也会关注阅读区和地毯上的几个婴幼儿,另一位保育人员坐在另外的区域观察几个婴幼儿的游戏。这是一个以游戏为中心的托育机构的日常状态。

自由游戏活动是由婴幼儿自由选择活动的地点、时间长短、活动内容和合作对象的一种游戏活动。在以游戏为中心的托育机构中,一日生活照护以婴幼儿的自由游戏活动为中心,以适宜婴幼儿发展为目标,将婴幼儿发展所需的各类经验的获取放在首位,保育人员通过提供适当的支持,使婴幼儿的主动性获得尊重,婴幼儿在符合他发展所需的环境中逐渐积累起必要的成长经验。因此,自由游戏活动具有以下几个特征:

自由游戏活动能激发婴幼儿的主动探索,是适宜婴幼儿学习与发展的最重要的内容。婴幼儿经常积极地、精神活跃地去探索周围的世界,会让他们主动地积累和获取各种经验,而游戏由于具有"自愿的、游戏者积极地投入、游戏者自定规则、注重过程而非结果、是愉悦的"等特征恰恰能激发婴幼儿积极和主动的探索。

自由游戏活动需要适宜的环境支持。环境是"游戏的背景,为游戏提供了内容、背景和意义"[①]。游戏是促进婴幼儿发展的重要手段,丰富的环境有助于推动婴幼儿的游戏。一个适宜的、良好的活动环境,能够自然地吸引婴幼儿参与其中,激发他们各种游戏行为表现,也为婴幼儿提供了通过第一手经验建构他们知识的多样性的机会。此外,这样的环境还蕴含多种形式的互动,为保育人员运用不同的方法支持婴幼儿学习和发展提供了机会。

婴幼儿自由游戏活动需要成人适当的支持。自由游戏活动并不是"放羊式"的管理,在自由游戏活动中,更应该重视保育人员的职责和作用的发挥,才能达到自由游戏活动的真正目的和效果。

[①] 【美】朱莉·布拉德.0—8岁儿童学习环境创设[M].陈妃燕,彭楚芸,译.南京:南京师范大学出版社,2014:3.

环境与布局

给1—2岁的幼儿布置自由游戏活动空间时,建议如下。

① 可将室内外打通设计,室内的游戏区域和材料可向户外进行延展。

② 桌面和地面游戏相结合,为1—2岁幼儿准备一些软垫、地垫等,满足他们舒适游戏的需求。

③ 可为1—2岁幼儿设计的活动区域包括感统运动区、益智操作区、装扮游戏区、语言阅读区。

④ 需要给1—2岁幼儿留出足够的可以安全的行走空间,同时便于保育人员观察与照护,确保视野开阔、无死角。

⑤ 让1—2岁幼儿尽快适应机构的生活,环境应尽可能类家庭化。

⑥ 尽可能为幼儿提供真实的生活物品，柜子里的玩具材料应方便婴幼儿自主取用和收纳、符合1—2岁幼儿游戏需要以及保育人员照看需要。

⑦ 随着幼儿月龄的增长，可逐渐配置适宜他们身高的桌椅，增加桌面游戏。

给 2 岁以上的幼儿布置自由游戏空间时，可参考如下建议。

① 语言阅读区一般设置在活动室的角落或安静的操作游戏区旁，光线安全柔和，适合阅读。将读物放在书架或矮柜上或张贴在矮墙上，提供靠垫、小沙发、地垫等，幼儿可以根据自己的喜好和习惯选择舒适的方式阅读。在创设环境时，要考虑成人陪伴的空间和阅读的舒适度。

② 益智操作区的游戏可以在桌面、地面进行，可以在区域内放置适合宝宝的矮桌和椅子（宝宝坐下时，双脚可以放平），也可以准备软硬适中的地毯、地垫，用低矮的储物架作为区域隔断，将游戏材料放置在游戏区域及储物架内。

③ 装扮游戏区是 2 岁以上幼儿非常喜欢的区域，要留有稍大一点的空间。通过仿真家具、材料柜进行空间区隔，娃娃家尽可能创设幼儿熟悉的生活场景，提供真实的生活材料做道具。

④ 建构游戏区应考虑桌面和地面建构区域。桌面的高度在婴幼儿胸部位置。地面的硬度需要适中，避免过软的材质，建议使用木地板或者稍硬的地垫。建构游戏区可以毗邻娃娃家和操作区，以便为婴幼儿借用材料提供便利。

⑤ 感统运动区是一个相对独立的空间，可以是室内、室外的专门运动区域，或利用走廊、门厅等创设临时性的运动区域，也可以通过组合型运动器械、家具，以及材质轻便、大小适宜的可移动型器械进行设置。

⑥ 音乐游戏区的游戏可以在地面进行，在区域内铺上软硬适中的地毯或地垫，利用地垫的形状形成一个半开放的、独立的游戏空间，用储物架作为区域隔断，并将游戏材料分类放置在游戏区域及储物架内。

⑦⑧ 可利用桌面、地面、墙面等为幼儿创设创意表现游戏区域，同时预留作品晾晒及展示区的位置。该区域尽量靠近洗手池，便于活动后的清洗。这个区域的材料基本为消耗品，建议提供一个材料架，既作为区域隔断，也可以对材料及时进行补充。架上的物品应分类摆放，方便幼儿拿取和收纳。该区域旁应设置反穿衣架和清洁工具，方便幼儿自我服务和整理。

以上游戏区域可根据活动室内空间的大小进行调整，也可以对区域进行合并，整合设计和规划室内游戏活动环境。

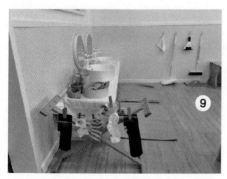

⑨ 各个游戏区域尽可能为幼儿提供真实的生活物品和低结构材料。区域之间注意留出宽敞的通道，方便幼儿走动。

⑩ 柜子中的材料开放，便于幼儿拿取。根据幼儿的需要定期、有序更换柜子中的玩具材料以及布局。

⑪ 天气晴好时，可将室内的很多区域搬至户外，让婴幼儿能更多地在户外进行游戏。

我们要做的是

① 根据活动计划为婴幼儿创设适宜的、支持发展的自由游戏活动环境，提供丰富的、生活化的、适宜发展的游戏材料。

② 做好婴幼儿行为的观察和必要的记录，根据游戏需要提供插入式活动①。

③ 支持与陪玩，鼓励同伴间的交往。

---

① 关于插入式活动可详见"插入式活动"部分。

④ 确保婴幼儿游戏过程中的安全。

观察要点

① 婴幼儿自主选择了哪个活动区，玩了哪些材料或玩具？
② 婴幼儿在玩这些材料或玩具时都表现出哪些游戏行为，这些行为背后的发展价值是什么，反映了婴幼儿当下怎样的发展水平？
③ 是否要实施插入式活动？
④ 哪些区域的游戏活动进展得最好？
⑤ 环境及材料需要哪些调整？环境是否是大部分婴幼儿喜欢并自主选择的？
⑥ 一日作息安排是否以及需要做哪些调整？

如何做

1. **邀请婴幼儿进入各个活动区自由游戏**

    我需要观察： 婴幼儿自主选择了哪些活动区和游戏材料？

    当婴幼儿目的明确地选择了活动区和材料时：

    保育人员可先在一旁观察，看看会发生什么，不需要着急地对婴幼儿的行为进行干预，尊重婴幼儿自己选择和支配游戏的权利。

    当婴幼儿处于游走状态，不知如何选择时：

    保育人员可以询问婴幼儿是否确实需要帮助：

    "你需要我的帮助吗？"

    保育人员可以提出一些游戏建议：

    "你想玩什么？我们看看娃娃家里小朋友们在玩什么？"

    保育人员可以选择一个区域或者把准备好的玩具材料拿出来，邀请婴幼儿一起摆弄它们：

-游戏活动的操作指引-

"××，这个架子上放着一个小口袋，你猜猜里面装的是什么？"

2. 支持婴幼儿的自由游戏活动

> **我需要观察：** 婴幼儿是否专注于自己的游戏中？婴幼儿表现出哪些行为（认知探索、情绪情感、语言表达等）？游戏中是否遇到困难？

当婴幼儿专注于自己的游戏活动时：

保育人员观察婴幼儿的行为，欣赏婴幼儿的探索过程；根据婴幼儿的需要，适时地予以目光、话语的肯定以及必要的材料支持，让婴幼儿感受到保育人员的关注，但要注意不要打乱/干扰婴幼儿的游戏过程或代替其解决问题。

当婴幼儿向保育人员展示自己的成果时：

保育人员需要让婴幼儿感受到自己的能力以及自己的重要性：

"我觉得你的想法不错，我也试试看。"

"你是如何把积木搭起来的，帮帮我好吗？"

对婴幼儿的成果予以描述性的肯定：

"我看到你搭了一个作品，你用到……材料，你还给你的房子搭了一个屋顶。"

> **我需要观察：** 婴幼儿玩的是他自己熟悉的材料还是保育人员新增的游戏材料？

当婴幼儿选择熟悉的材料并在一段时间内一直玩这个材料时：

允许婴幼儿反复地摆弄他熟悉的材料，相信他一定有自己的兴趣点还没有充分满足。观察婴幼儿是否有很多新的探索行为和发现，游戏结束后可以跟他聊聊他感兴趣的内容。

"这个积木可真有意思，我发现你玩了好长时间。"

"哇，昨天你搭的是火车站，今天你又搭了一个新的建筑物，能和我介绍一下今天搭的是什么吗？"

如果确实有必要，保育人员可以用一些新玩法吸引他的注意力，为他的游戏提供进一步支持：

"你想试试把积木埋在沙子里这个新玩法吗？"

"我发现球可以从这个管子里滚出来呀，你也和我一起来玩吧。"

当婴幼儿不会摆弄新材料，并打算放弃或向保育人员求助时：

保育人员需要对婴幼儿的现状和遇到的困难表现出重视，

"我想你是遇到困难/麻烦了，我们一起来看看。"

保育人员需要选择恰当的时机向婴幼儿展示新材料的玩法，介绍的方法可以是吸引他观察其他婴幼儿，也可以通过自己玩来引发婴幼儿的兴趣。

"咦，这有几个指偶，挺难戴在手指上的，我需要用点力气拉。好了，终于戴好了，你好呀！我是××。"

"我想这样使用剪刀会省力些（边演示边说）。"

当婴幼儿不会摆弄新材料，并同时产生了消极情绪或破坏行为问题时：

如婴幼儿因为生气出现扔物品的行为时，保育人员要及时观察，必要时介入以避免可能的伤害，然后用平静的语调向婴幼儿描述目前的情况：

"豆豆，我看出你非常非常不高兴，你一边哭一边把东西都扔在了地上。"

"这是挺难的，你如果想再试一次，我会陪着你。"

应对婴幼儿的负面情绪时，不要动作强硬地阻止，尽可能用语言安慰他，待他平静后，可以用拥抱、爱抚等方式进一步安慰，必要时选择合适的时机和婴幼儿讨论一些应对情绪的方法：

"生气时扔东西真的很吓人，我们一起来商量下其他的解决方法吧。"

当婴幼儿与同伴在材料使用时产生了争抢、咬人等冲突时：

保育人员可以示范并鼓励婴幼儿使用语言来代替咬人和打架：

"我们可以轮流玩吗？"

"我用这个跟你换玩具吧。"

平静地安抚受伤的婴幼儿，也要对伤人的婴幼儿保持关爱，因为他也需要你来帮助他成长。

"我知道你现在很生气，你可以直接告诉他，他抢了你玩具，你现在感到非常气愤。"

尽量为婴幼儿规划一个相对宽松的活动空间，准备充足的材料，拥挤会导致争吵、争抢。

当婴幼儿各玩各的，没有互动和交往时：

在确定了可以一起游戏的时机后，保育人员需要做亲社会行为示范，鼓励婴幼儿间的互动：

"我们一起玩吧。"

"有你的加入，我们就可以玩餐厅游戏了！"

"你想加入我们的游戏吗？"

"这个给你，我们轮流玩。"

当婴幼儿出现捣乱（破坏他人作品）等影响他人的活动时：

分析婴幼儿搞破坏的原因，他很有可能是出于想要吸引他人的注意力、交往或想要参与到对方游戏中，但因缺乏方法而产生的破坏行为，保育人员可以示范一些加入同伴游戏的方法，帮助婴幼儿感受到合适的方法更容易被对方接纳：

"我想你不是有意要去破坏他搭建的积木的，你想和他一起玩是吗？你可以说：我们一起玩吧。"

"我们一起帮朋友把弄坏的积木重新搭建好。"

当婴幼儿把游戏材料带到其他区域时：

观察婴幼儿把材料带到哪里、他想要做些什么，如果确实有其他游戏需要，要尊重婴幼儿对材料的使用，游戏结束时，请婴幼儿将玩具送回家：

"我看到你把穿珠子的玩具带到了娃娃家里，你在用它们炒菜，现在玩好了吗？玩好我们把它放回原来的地方。"

3. 根据婴幼儿的需要实施插入式活动

> **我需要观察：** 婴幼儿是否一直没有表现出与婴幼儿发展要点相应的行为表现？是否在游戏中表现出了某种兴趣、产生某种疑问或提出某种需求（表现出某种发展需要）？

婴幼儿在自由游戏中一直未表现出匹配发展特点的行为时：

可通过圆圈活动或在自由游戏中寻找合适的时机开展有目的的插入式活动，通过保育人员的插入指导促进婴幼儿符合月龄特点的行为表征的出现。如宝宝在自由游戏中一直没有表现出或者保育人员没有观察到宝宝"手口一致点数"的发展情况时，可以参考《托育机构一日活动方案》（以下简称《活动方案》）一书中相关的插入式活动方案，根据婴幼儿的需要和游戏情况选择合适的时机发起或开展插入指导。

"今天娃娃过生日，你可以送我去娃娃家吗？你也一起来参加派对吧，你看看蛋糕上插了几根蜡烛？猜一猜娃娃几岁了？1、2，是2根，娃娃2岁了。"（参见《活动方案》中的"ZW-40手口一致点数"活动）

婴幼儿在插入式活动①中的表现和行为也为保育人员选择、计划圆圈活动②、后续自由游戏活动环境和内容等奠定基础。

4. 帮助婴幼儿顺利地进行环节的过渡转换

我需要观察： 自由游戏活动时间要结束了，婴幼儿现在的活动进展情况如何？进行环节转换是否会有困难？

当婴幼儿的游戏仍然在进行中，环节转换可能会有困难时：

首先应确定这个环节转换是必须且必要的，比如午餐时间转换等。

保育人员可以在环节过渡前给婴幼儿一些语言的提示，几分钟后可以再提醒一次。

"你玩积木玩得很高兴，在整理玩具的音乐响起前，你还可以再玩一会儿。"

通过播放熟悉的音乐或唱起童谣等方式，提示婴幼儿自由游戏环节的结束，和婴幼儿一起整理玩具。

注意固定环节转换的方式，这样，婴幼儿会慢慢建立起规则和习惯。

需要注意的事项

① 玩教具、设施设备和游戏材料在使用过程中要注意定期检查、消毒与更新，个别幼儿可能会对某些材料过敏，保育人员在规划时需要提前考虑。

② 婴幼儿需要真实、丰富的感官体验，所以，应尽量提供自然材料、生活材料，使用成品玩具时，尽量选择自然材质，避免过多的塑料玩具制品。

③ 一成不变的材料会让婴幼儿失去探索的兴趣，而频繁地更换则会让婴幼儿的游戏无法深入。因此，在已有材料的基础上逐步调整新材料，更符合该年龄段婴幼儿的需求。

④ 尽管环境和材料是保育人员精心设计的，但婴幼儿的游戏方式是自主、自发的。请避免限制婴幼儿对玩具、材料的使用方式，也不要用成人的思维方式去评价婴幼儿的游戏是否合理和正确，在安全

---

① 关于插入式活动可详见"插入式活动"部分。
② 关于圆圈活动可详见"圆圈活动"部分。

的前提下，婴幼儿在游戏中可以用自己喜欢的任意方式去使用它们。

⑤ 注意在环境中渗透简单的规则。比如，在玩具架上贴上对应的图片，婴幼儿在每次取用后可以准确地将它们放回。

⑥ 保证每天充足的自由游戏时间，合理规划室内外自由游戏活动的内容，避免不必要的整齐划一的行动，如洗手如厕、集体转移到户外等。

⑦ 尊重个体在照料和游戏需求上的差异。

⑧ 重视对婴幼儿的回应，尊重婴幼儿的自主游戏权利，在婴幼儿专注的游戏过程中，避免干扰婴幼儿的专注。

⑨ 做好一日活动的观察记录并及时进行整理，保育人员之间定期相互交流，确保对婴幼儿观察的全面性。根据观察记录的情况，及时进行活动规划的调整。

⑩ 婴幼儿喜欢稳定的一日生活作息，因此，活动的程序要保持稳定。可播放固定的音乐来提示婴幼儿自由游戏活动结束了，带领婴幼儿共同将玩具整理归位，这个步骤是非常重要的，能让婴幼儿养成自我服务的意识和能力，也便于婴幼儿顺利地过渡到下一个环节的活动中。如果婴幼儿需要一些等待，不要让他们在等待时间无事可做，可以唱歌或玩玩手指游戏等。

⑪ 提前制定一些关于安全、待人等方面的游戏规则，在房间的每一个角落都能看到所有的婴幼儿在做什么。总之，尽己所能来避免引起安全和健康的问题，这样保育人员才会很轻松地享受和婴幼儿在一起自由活动的时间。

警惕[①]

① 0—1个月：对大的声音没有反应；对强烈的光线没有反应；不能轻松地吸吮或吞咽；身高体重不增加。

② 1—3个月：婴儿的身高、体重和头围不能逐渐增加；不能对别人微笑；两只眼睛不能同时跟随移动的物体；不能转头找到发出声音的来源；抱坐时，头不能稳定。

---

① 来源：中华人民共和国教育部，联合国儿童基金会［EB/OL］. 2011－09－01/2023－09－13.

③ 4—6个月：不会用手抓东西；体重、身高不能逐渐增长；不会翻身；不会笑。

④ 7—9个月：不能用拇指和食指捏取东西；对新奇的声音或不寻常的声音不感兴趣；不能独坐；不会吞咽菜泥、饼干等固体食物。

⑤ 10—12个月：当快速移动的物体靠近眼睛时，不会眨眼；还没有开始长牙；不会模仿简单的声音；不能根据简单的口令做动作，如"再见"等；不能和父母、家人友好地玩。

⑥ 13—18个月：囟门仍较大；不能表现多种情感；不会爬；不会独站。

⑦ 19—24个月：不会独立走路；不试着讲话或重复词语；对一些常用词不理解；对简单的问题不能用"是"或"不是"回答。

⑧ 2—3岁：不能自如地走，经常会摔倒；不能在成人帮助下爬台阶；不能提问题；不能指着熟悉的物品并说出它的名称；不能说2—3个字的句子；不能根据一个特征把熟悉的物品分类，如，把吃的东西和玩具分开；不喜欢和同伴玩。

观察记录表

① 一日生活照护情况记录表（参考附件2）

② 婴幼儿发展情况检核表（参考附件4）

③ 班级婴幼儿观察日志（参考附件5）

④ _____活动表现性评价表（参考附件6）

# 圆圈活动

"圆圈活动"是一段重要的集中活动时间,是由保育人员设计并引导开展的、符合班级婴幼儿发展水平及游戏兴趣,并能促进婴幼儿发展的各类活动。这些活动主要包括问好、阅读图画书、唱童谣/儿歌、一起跳舞/身体律动、运动、玩各种游戏、分享/讨论一些事情等。

圆圈活动可根据活动内容、婴幼儿发展需要等选择分组和集体两种实施方式。它与自由游戏活动相辅相成,互为延伸。

圆圈活动一方面给婴幼儿提供了非常好的参与社交互动的机会,小组的或全体一起活动使得婴幼儿可以观察他人、与他人交流、表达自己的想法。来自不同家庭、不同文化、不同成长背景的婴幼儿在这些活动中能够建立联结,感受彼此的存在,感受自己与他人的关系,感受在集体中的归属感……这有助于婴幼儿更好地形成自我认知以及建构内在安全感,发展他们的倾听能力和表达能力,习得各种概念和技能,放松身心,获得愉悦情绪,还可以促进婴幼儿之间相互熟悉、建立关系。另一方面,也为保育人员提供了观察、了解每个婴幼儿的发展情况的机会,以便更有针对性地为婴幼儿规划匹配能力发展的一日活动内容。

保育人员需要注意的是,避免把这个环节当作向婴幼儿灌输某些规则和知识的时间,这个环节虽然是几个婴幼儿小组式行动或者全体婴幼儿一起活动,但依然要以婴幼儿的发展需要为重,遵循他们的学习规律和身心发展规律,尊重他们的想法和行为。

环境与布局

根据活动人数、活动内容等,"圆圈活动"的活动区域可以选择在室内或者室外,可以选择在游戏区域内,也可以设置专门的集中活动区域。区域的面积和空间要能够满足活动人数的需要,环境中不宜有干扰婴幼儿注意力的事物。

分成小组活动时,可根据活动内容选择在相应游戏区域的桌面或地面开展。比如相对开阔的地毯区域、相对安静且干扰少的角落等。

① 全体婴幼儿一起活动时，要为他们准备可以坐在地上的地毯或小垫子，可请婴幼儿围成一个圆圈，也可以以保育人员为中心围成一个弧形。

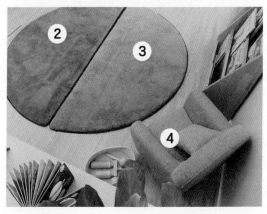

② 该区域需宽敞明亮，避免过于拥挤。

③ 尽量减少该区域的一些干扰物。如地毯的颜色尽量选择纯色，图案尽量简洁。

④ 保育人员的位置需要能够看到所有婴幼儿，同时，也确保每位婴幼儿能看清保育人员的演示。

　　天气、场地允许的情况下，圆圈活动可以在室外进行。注意室外温度适宜，还应注意遮阴、防晒、防蚊虫。

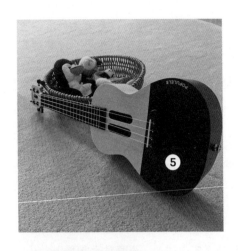

⑤ 开展集体性的问好、阅读、童谣等活动时，可准备一些材料或道具，如造型可爱的手偶或毛绒玩具、画面大而清晰的绘本、可弹奏的乐器等。

我们要做的是

① 提前计划并选择好适合圆圈活动的具体内容。
② 准备好圆圈活动场地和相关材料。
③ 吸引婴幼儿聚拢，带领他们有序开展活动，理解、尊重婴幼儿在圆圈活动中的各种表达表现，可根据婴幼儿的行为、情绪等对圆圈活动做出及时调整，使婴幼儿更舒服、自然地加入。
④ 做好婴幼儿参与圆圈活动的情况的观察记录，以便规划后续的活动。

观察要点

① 婴幼儿是否愿意参与圆圈活动？
② 活动中，婴幼儿在社会交往、表达表现、情绪状态、注意力等各方面的发展情况如何？有哪些行为表现？这些表现和婴幼儿发展特点之间有无关系？是否需要支持？
③ 活动中，婴幼儿是否存在不舒适的状态，是否有相互推挤等容易引发安全事故的行为？
④ 活动内容及组织实施方式等合适吗？是否需要调整？

如何做

1. 吸引婴幼儿参加圆圈活动

   我需要观察： 婴幼儿是否愿意参与圆圈活动？

   在从其他活动转换为圆圈活动之前，向婴幼儿解释接下来将要发生的事情，比如：

   "听到音乐后，我们要把玩具收起来，坐在地毯上一起问好。"

   当婴幼儿不肯参与时：

   保育人员先了解和分析婴幼儿不肯参与的原因，如果是因为不想停止正在做的事情，应允许婴幼儿继续自己的游戏，但注意提醒婴幼儿不能影响到大家的活动。如果是因为其他原因，比如害羞、胆怯等，则可以通过陪伴来帮助婴幼儿远远地参与活动，慢慢融入集体，过程不能太着急，可能需要较长的适应时间。保育人员可以这样邀请婴幼儿：

   "我们要一起做游戏啦，大家都在等你哦。"

   "你需要帮忙吗？我们一起来找找座位。"

   "你现在不想过去，可以的，等你拼好了这个拼图再去。"

   "你可以在这里静静地玩，尽量不要发出声音，因为那边小朋友们在听故事。"

   "你还不想离他们太近，是吧？我可以陪你在这里，远远地看看他们在做什么。"

2. 确保圆圈活动的顺利开展

   我需要观察： 活动中，婴幼儿在社会交往、表达表现、情绪状态、注意力等发展情况如何？有哪些表现？这些表现和婴幼儿发展特点之间有无关系？是否需要支持？活动中，婴幼儿是否存在不舒适的状态，是否有相互推挤等容易引发安全事故的行为？

   当婴幼儿比较腼腆、不想与同伴/保育人员相互问好时：

   保育人员可以用肢体语言来代替口头语言的表达，用简单的动作和婴幼儿进行互动。

   "我们换一个问好方式，我们可以握握手。"

   当婴幼儿在听故事的时候经常插话时：

如果婴幼儿的插话没有影响整个故事的阅读，只是对故事内容的呼应，保育人员不必阻止婴幼儿。如果婴幼儿的插话过多，已经影响了其他婴幼儿听故事，那么保育人员需要温和而坚定地制止。

"宝贝，我知道你有很多话想说，但现在是大家一起听故事的时间，请你等一下再讲。否则其他小朋友都不能听故事了。"

当婴幼儿游戏中过于兴奋时：

如果婴幼儿因为过于兴奋出现动作幅度过大、尖声叫喊、来回跑动等行为，并且这些行为已经影响他人或伴有安全隐患时，保育人员需要及时来到这个婴幼儿面前，用眼神或者肢体语言引导其平静下来，降低兴奋度。也可以通过突然把声音放轻、放慢动作的方式来引起婴幼儿的注意，模仿保育人员的行为放轻声音、放慢动作。

"我们现在变成小乌龟在做操了，动作变得很慢很慢，声音变得很轻很轻……"

3. 圆圈活动后的整理、收纳

如果婴幼儿还没有完成或仍然沉浸在游戏中，请耐心等待，给予他一定的时间，也可通过结束音乐等预告的方式提醒婴幼儿游戏结束。

可将圆圈活动材料放至相应的区域内，让婴幼儿在自由游戏时也可以摆弄、操作，满足婴幼儿重复游戏的需要。

需要注意的事项

① 保育人员需要提前计划圆圈活动的时间与时长。1—2岁幼儿的活动整体时间一般控制在5分钟以内。2岁以上幼儿的活动整体时间一般控制在10分钟以内。
② 事先准备好圆圈活动需要的所有材料。保育人员之间提前做好分工。
③ 不强迫每个婴幼儿参与，当婴幼儿不想参与时，允许婴幼儿暂时离开。
④ 给予每个婴幼儿平等参与的机会，避免婴幼儿长时间等待。
⑤ 重视游戏过程中的观察和适当的支持，游戏后及时反思，做好后续自由游戏环境、圆圈活动内容的设计或调整。

⑥ 尊重婴幼儿的个性特点,尽量避免贴标签的评价。

⑦ 以肯定和鼓励态度来对待婴幼儿在活动中的表达表现。

⑧ 保证圆圈活动的安全,活动前每个环节都要反复推敲,排除过程中可能出现的隐患。

观察记录表

① 婴幼儿发展情况检核表(参考附件4)

② 班级婴幼儿观察日志(参考附件5)

③ _____活动表现性评价表(参考附件6)

插入式活动

早期教养活动应该以婴幼儿为主体，尊重婴幼儿的兴趣、需求和原有经验，关注经验的连续性。因此，科学的早期教养不是外部给予式的训练，而是尊重婴幼儿自主探究、自发学习的经验联结与拓展。尊重婴幼儿年龄特点，以自由游戏活动和圆圈活动为主组织开展早期教养活动，并在一日生活和游戏中根据婴幼儿的表现和需求开展插入式活动。

插入式活动是在一日照护生活中，保育人员在评估婴幼儿真实的发展水平、了解其发展需要、激发游戏活动兴趣等时，在观察与分析的基础上，与婴幼儿开展的、有目的的早期教养活动。

"插入式活动"具有以下4种作用：

摸底：在活动过程中了解婴幼儿的已有能力和经验，并通过游戏加以巩固。

激发：对于日常未观察到的婴幼儿发展表现，通过活动提供婴幼儿表达和展现的机会。

指导：通过与婴幼儿开展插入式活动，对其进行指导以促进其相关能力的发展。

评测与诊断：可将插入式活动作为婴幼儿发展评测的手段，在活动中对婴幼儿发展进行评价。

可以说，插入式活动有利于保育人员对婴幼儿的观察评价，并制定有针对性的指导计划，开展更有效的互动，也有利于婴幼儿获得更多自由、自主的探索、表达表现的机会。

我们要做的是

① 根据制定的计划或观察分析的情况，选择一日生活中合适的时机开展插入式活动。

② 开展插入式活动，并在过程中对婴幼儿的行为进行观察、记录和评估。

③ 活动后，和其他保育人员共同整理、分析和探讨插入式活动过程中记录的内容，为婴幼儿的发展制定下一步的计划做准备。

观察要点

① 婴幼儿在玩/做什么，是否适合发起插入式活动？
② 婴幼儿对保育人员发起的插入式活动是否有兴趣？
③ 婴幼儿在插入式活动过程中有哪些行为表现？
④ 保育人员的插入方式、活动方案等是否需要调整？
⑤ 可以为婴幼儿下一步发展提供怎样的环境和活动内容？

如何做

1. **创设环境材料，为插入式活动的开展做好准备**
2. **观察婴幼儿游戏情况，寻找插入式活动的开展契机**

   我需要观察： 婴幼儿在玩/做什么，是否有必要且适合发起插入式活动？

   如何寻找插入式活动的开展契机：

   当婴幼儿在生活活动和游戏活动中表现出了某种兴趣、婴幼儿产生某种疑问或提出某种需求（表现出某种发展需要）时，保育人员可以通过游戏环境创设、玩具材料提供、融入婴幼儿的游戏、与婴幼儿的互动对话等激发、引导婴幼儿的兴趣和需求，为插入式活动的开展提供契机。保育人员要善于观察，抓住并创造契机，适时开展插入式活动。

3. **开展插入式活动，并做好过程中的观察、记录**

   我需要观察： 婴幼儿对保育人员发起的插入式活动是否有兴趣？婴幼儿在插入式活动过程中有哪些行为表现？

   如何选择/预设插入式活动的内容：

   从某种意义上说，插入式活动内容是半预设的，但组织实施是动态调整的。所以，保育人员需要对婴幼儿的发展特点、插入式活动的内容非常熟悉，才能灵活地根据婴幼儿当下发展需要提供有效的插入式活动和环境支持。

保育人员可以基于观察和分析，围绕以下几点对插入式活动环境做出预设和选择。

- 围绕婴幼儿当下正在感兴趣的点选择活动内容和环境材料。
- 围绕婴幼儿当下正在发展的技能和需要选择活动内容和环境材料。
- 围绕婴幼儿已有经验需要进行提炼和巩固选择活动内容和环境材料。
- 围绕婴幼儿一直没有表现出的发展特点选择活动内容和环境材料。

如何发起插入式活动：

保育人员可以通过语言提示、行为示范、示弱或者发挥同伴的作用等来吸引婴幼儿对插入式活动的兴趣。

- 通过语言吸引婴幼儿参与到插入式活动中（保育人员可根据当时活动情景进行语言引导，也可见《托育机构一日活动方案》中每个活动玩法中的语言）。

"宝宝看，我给娃娃穿了一串项链，宝宝也来穿一串吧。"

（参见《托育机构一日活动方案》中的活动"ZW—10 穿大珠"）

- 发挥同伴的作用来吸引婴幼儿参与。

"咦，天天是怎么把小三角变成大正方形的，涛涛，我们一起去看一看。"

- 保育人员自己玩，边玩边给婴幼儿起到示范作用，或通过示弱的方式，吸引婴幼儿。

"这两块乐高上面盖上一块就可以将它们连接起来了，天天，你和我一起来试试。"

"我的小汽车拼图拼完了，看上去却不像汽车，这是怎么回事，请你帮帮忙。"

当婴幼儿对保育人员的插入式活动没兴趣时：

不强求婴幼儿参与活动，可再另寻插入式活动的开展契机或指导内容及方式。

保育人员在规划的时候，可在其他活动区域提供反映相同功能的插入式材料，也可以在一日生活中的其他环节寻找插入指导的契机。如，婴幼儿对益智操作区"用夹子夹捏"的活动不感兴趣时，保育人员可以在准备点心的环节，提供饼干、圣女果以及安全、适合婴幼儿使用的夹捏工具，让婴幼儿协助准备水果点心。在这样的活动中，同样可以看到婴幼儿使用工具的发展情况。

从这一点来看，插入式活动并不是完全随机的，为有效开展适合婴幼儿发展需求的活动，保育人员需要根据不同月龄段婴幼儿的特点和发展需求创设并动态调整一日生活安排及活动区角环境。这也对保育人员在合作方面提出了更高的要求。

需要注意的事项

① 插入式活动应该是基于观察，自然地介入和展开的，婴幼儿需要有足够的活动时间和空间。因此，要整合考虑活动室环境创设，并有效利用一日生活的各个环节开展插入指导。
② 插入式活动具有一定的动态生成性，但不完全是随机的。在环境创设与材料提供、激发或引导婴幼儿的兴趣和需求、有针对性的观察、恰当的时机进行对话互动等方面都需要有较强的设计。
③ 保育人员在插入式活动后的交流、研讨非常重要，这也是制定后续教养计划的基础。

观察记录表

① 婴幼儿发展情况检核表（参考附件4）
② 班级婴幼儿观察日志（参考附件5）
③ ＿＿＿＿＿活动表现性评价表（参考附件6）

拓展类活动的
操作指引

亲子游的组织与实施

亲子游是一个非常受欢迎的活动形式，它可以开阔婴幼儿的视野，让他们能够有机会亲近自然、认识世界，感受父母的爱；对父母而言，共同出游让他们有机会全情陪伴婴幼儿，提升自身的育儿能力，并能在和其他家庭交流互动的过程中给婴幼儿做交往示范等；对机构而言，这是一个非常好的向家长展示机构保育人员的专业性、宣传机构育儿理念的好机会，同时也能很好地促进家庭之间的相互学习和交流。

为了确保亲子游的顺利实施，保证活动质量，机构需要做好周密的策划和安排。

我们要做的是

① 提前做好亲子游活动地点的踩点和安全评估。
② 编制亲子游活动组织实施方案。
③ 做好班级的家庭宣传、指导与通知工作。
④ 做好相应的准备，确保活动顺利实施。
⑤ 活动结束后收集家长的反馈意见，完成亲子游工作总结，以便进一步改进工作。

如何做

1. 做好亲子游活动地点的踩点和安全评估

由于托育机构婴幼儿年龄较小，对场地的安全性、适宜性等有很高的要求。因此，前期的踩点非常重要。对场地的评估主要包括几个方面：交通与泊车、有无集体活动场地、有无自由娱乐场地及参观活动场地、母婴设施及安全卫生情况、游园线路设计与时间计算等。

具体踩点报告参考样例见附件 7 中的 7.1。

2. **编制亲子游活动组织实施方案**

   组织实施方案是托育机构对亲子游的整体组织策划,包括游园的目的、游园路线、分工安排等内容以及具体活动方案、通知模板等相关操作附件,同时还需要制定亲子游当日的应急预案。

   托育机构可通过专题研讨会等方式共同策划亲子游。亲子游组织实施方案、具体活动方案、应急预案等三份参考样例见"附件7.2""附件7.3""附件7.4"。

3. **做好班级的家庭宣传、指导与通知工作**

   班级的家庭指导和宣传是亲子游活动顺利实施的重要基础。因此,对家长开展亲子游的陪玩指导、安全教育非常重要。可以通过家长会、发放宣传资料等方式进行家庭指导。

   给家长的通告应简洁、清晰。保育人员可以围绕游园路线中的重要景点(如小山坡、小树林、水塘等)给家长一些陪玩建议、可促进婴幼儿的哪些发展价值等。班级活动通知参考样例见附件7中的7.5。

4. **做好亲子游活动后的宣传与总结**

   对亲子游活动进行总结是后续改进工作的重要一环,总结可以从多个角度进行,包括家庭参与亲子游的体验、感受和建议,采集家长的满意度等。除了倾听家长的反馈外,机构可从亲子游的内容设计、组织实施、相关准备等方面进行分析总结。亲子游活动调查问卷参考样例见附件7中的7.6。

特别提醒

① 活动前需要对相关人员进行活动的相关培训,确保所有参与人员清晰活动流程、路线、活动内容等,明确各自的职责。

② 亲子游活动的安全最重要,因此,要做好各方面的安全准备,重视应急预案等的操作演练。

③ 家庭是重要的合作伙伴,在开展活动的全过程,要和家长保持密切的沟通,让家长不仅能够成为亲子游活动的支持者,也可以在活动中获得育儿能力的提升。

④ 及时分享婴幼儿和家长在亲子游中的活动点滴,解读婴幼儿的成长,肯定家长的育儿智慧等。

⑤ 活动地点的选择、活动内容的设计、路线的安排等都需要充分考虑0—3岁婴幼儿的发展特点和需要。

⑥ 保育人员之间的紧密协作非常重要。

节庆活动的组织与实施

节日是人类社会发展到一定阶段的产物，而节日活动则是民风习俗的最集中体现和重要组成部分，在这些重要的节日、纪念日中，都蕴藏着宝贵的、不可估量的教育资源，节日文化教育意义非常重大。它不仅可以帮助婴幼儿体验节日的特色，感受节日的氛围，同时也可以让家庭参与到育儿的活动中，家园共育促进婴幼儿的发展。家长在参与的过程中，在保育人员的指导下，也可提升自身的育儿能力，有助于了解、认同机构育儿的理念，对保育人员的专业性也会更加认可。

托育机构的节庆活动可以是机构统一组织的全园性活动，也可以是以班级为单位组织的庆祝活动。不管规模大小，策划和组织实施的流程基本一致，同时，为了确保节庆活动的顺利实施，保证活动质量，机构或班级都需要做好周密的策划和安排。

我们要做的是

① 确定节庆活动的主题，编制节庆活动组织实施方案（参见附件8）。
② 做好班级的家庭宣传、指导与通知工作。
③ 做好各方面的准备，确保活动顺利实施。
④ 活动结束后收集家长的反馈意见，做好评估和分析总结，以便进一步改善工作。

如何做

节庆活动的组织实施一般包括"明确主题-策划方案-家庭宣传-相关准备-活动开展-评估总结"几个步骤。

1. 确定节庆活动的主题，编制组织实施的方案

托育机构可通过专题研讨会等方式共同商议确定节庆活动的设计方案，确保全员对活动的定位、机构育儿理念的实现等达成共识。节庆活动的实施方案需要考虑以下内容：

- 活动主题：明确的活动主题能让活动目标、内容等定位更加精准、清晰。机构可提前对家庭的文化背景、民风习俗等进行了解，以作为主题确定时的参考依据。
- 目的/价值：照护人员充分探讨，形成对节庆活动价值的挖掘和认识。
- 节庆活动内容及形式：需要考虑活动开展的范围，是全园性的大型活动还是班级单独组织的活动、需要考虑活动的时长是一个阶段还是一次活动、哪些内容可以更有效地实现节庆活动的目的等。
- 与家庭协作的内容：包括家庭要准备的内容、家庭可以协助机构开展的亲子活动等。
- 相关准备：这可从几个方面去考虑，比如婴幼儿需要哪些经验准备、环境如何反映节庆氛围等。

节庆活动的设计研讨过程也是提升保育人员专业水平的过程。在充分讨论的基础上，可形成节庆活动的组织实施方案。

2. 做好班级的家庭宣传、指导与通知工作

家庭可作为机构开展节庆活动的重要合作伙伴，可参与为婴幼儿准备前期经验、营造家庭节庆的氛围等。

面向家长的宣传指导重点是帮助家长了解活动的价值、需要家庭共同参与和配合的事项，以便共同形成合力。

班级宣传通知应清晰简洁，重点告知家庭：机构开展节庆活动的目的和价值、需要家庭共同参与的事项。

3. 做好各方面的准备，确保活动顺利实施

保育人员需要为婴幼儿做好前期的节庆活动经验准备，比如可以在阅读区域增加相关节庆活动的书籍，可与婴幼儿在自由游戏活动中读读这些故事，在说说聊聊中了解婴幼儿的已有经验等。

保育人员需要考虑在环境中如何营造节庆氛围，需要准备哪些物料和道具等。

4. 活动结束后收集家长的反馈意见，做好评估和分析总结，以便进一步改善工作

对活动进行评估总结是后续改进工作的重要一环，总结可以从多个角度进行，包括家庭在参与节庆活动过程中的体验、感受和建议，分析家长的满意度，如果涉及社区等资源的利用，也可以听听他们的建议；观察和采集婴幼儿参与节庆活动过程中的行为和案例，分析其发展情况；还可以对活动内容设

计、环境准备、保育人员之间的分工合作等进行分析总结。

特别提醒

① 活动前需要对相关人员进行活动的相关培训。确保所有参与人员清晰活动流程、活动内容、准备事项等，明确各自的职责。
② 家庭是重要的合作伙伴，在开展活动的全过程，要和家长保持密切的沟通，让家长不仅能够成为节庆活动的支持者和合作者，也可以在活动中获得育儿能力的提升，最终促进婴幼儿的健康成长。
③ 及时和家庭分享婴幼儿在节庆活动中的活动点滴，解读婴幼儿的成长。
④ 活动地点的选择、活动内容的设计、游园路线的安排等都需要充分考虑0—3岁婴幼儿的发展特点和需要。

一日活动规划与设计操作指引

托育机构一日作息的安排

总体要求

根据婴幼儿的教养目标、年龄特点、本地季节变化和机构条件,科学、合理地安排和组织一日活动。时间安排应有相对的稳定性与灵活性,既有利于形成秩序,又能满足婴幼儿的合理需要,照顾到个体差异。

保育人员直接指导的活动和间接指导的活动相结合,保证婴幼儿每天有适当的自主选择和自由活动时间。保育人员直接指导的活动要能保证婴幼儿的积极参与,避免时间的隐性浪费。尽量减少不必要的集体行为和过渡环节,减少和消除消极等待现象。建立良好的常规,避免不必要的管理行为,逐步引导婴幼儿学习自我管理。

一日活动安排中要正确处理好分散与集中、室内与室外、个别与集体、动态与静态、生活与游戏、自选与指定活动等关系。

一日作息安排建议

7:45—8:30	入园接待、晨检、安抚
7:45—11:00	室内外自由游戏活动、插入式活动、圆圈活动 (9:45左右穿插洗手、点心等生活活动)
11:00—12:30	盥洗、午餐、散步
12:30—15:00	午睡(含14:30之后的起床、盥洗、安抚)
15:00—16:00	喝水、点心等生活活动 室内外自由游戏活动、插入式活动、圆圈活动
16:00—16:30	离园、家园沟通

除睡眠前后集中如厕外,其他时间均提醒分散如厕或换尿布;除了运动后集中喝水,其他时间为分散喝水;2岁以下的婴幼儿在上下午活动期间,根据需要可分别小睡一会儿。具体一日安排可根据季节、天气和机构资源等进行调整和优化。半日制的托育机构除不提供午餐外,其他活动环节安排可参照执行。

—一日活动实施保障—

托育机构班级教养计划的编制

早期教养以婴幼儿发展为本,不仅要遵循婴幼儿发展的一般规律和阶段特点,更要尊重个体婴幼儿的实际发展水平和需求,以确立合理的教养目标促进每个婴幼儿的发展。因此,早期教养应加强婴幼儿发展诊断。通过发展诊断,为有针对性的个性化教养提供实践依据。发展诊断首先通过对婴幼儿健康体检表、发展检核表、作息与饮食情况表等资料开展婴幼儿发展与教养信息分析,获取对婴幼儿的初步印象。然后,应用表现性评价方法,设计表现性评价任务,用在真实的游戏、生活情境下的可观察、可检测的行为表现来分析、解读和评价婴幼儿的整体发展。经过观察期内的持续观察,对婴幼儿发展状况作出评定。最后,根据实际需要,由保育人员和保健人员(医生)利用专业的测评工具对婴幼儿发展水平进行深入评测和分析。基于资料分析、观察评价以及必要的专业测评,确立婴幼儿下一阶段的发展目标,形成合理的教养期望和目标内容安排。

我们要做的是

根据0—3岁婴幼儿教养目标、年龄特点、机构的发展愿景、育儿理念、婴幼儿的实际发展情况、家庭带养情况、前期的观察评估等,科学、合理地编制班级婴幼儿的教养计划。

了解"计划循环圈"

适合保育人员开展一日保教活动的班级教养计划通常有几种,包括学期计划、月计划、周计划、日安排等几种。

班级教养计划的制定是一个持续的循环,这个循环包括观察、信息解读、规划、实施与评估等五个主要环节。运用这个循环圈,通过提供开放式资源,观察婴幼儿游戏过程,记录婴幼儿的一日生活和游戏情况,解读、分析、反思和评估婴幼儿的发展,基于这些记录、反思和评估做出进一步规划,开展和实施游戏活动，推动循环圈持续运转。

- 观察：收集关于婴幼儿、家庭的信息和数据，了解婴幼儿的发展情况、家庭带养情况等。
- 信息解读：提出问题并对观察到的信息进行分析。比如：婴幼儿学习到什么、婴幼儿的兴趣是什么、这对保育人员有什么意义、我对婴幼儿有哪些认识等。
- 规划：婴幼儿还能学到什么、如何支持婴幼儿的学习和发展，保育人员要为婴幼儿的短期、长期的发展进行规划，明确目标和具体教养内容。
- 实施：将具体规划付诸实施。
- 评估：保育人员对共同的观察、理解、规划和实施情况进行反思、评估游戏活动的开展情况、婴幼儿的发展等。

如何做

1. 通过观察等多种方式了解班级婴幼儿发展及家庭育儿情况

    如何了解班级婴幼儿及其家庭育儿情况：

    - **基于一日保教过程中的观察**：运用各种观察工具、表现性评价方法等对婴幼儿在一日生活的各个环境进行随机的或有目的的观察，获得婴幼儿发展的信息。（观察记录的内容、方法及工具表可参考"托育机构一日保育中的观察与记录"中相关内容）
    - **与家长沟通**：通过家长会、家访、电话、微信沟通、日常接送时的沟通等，从家长处获得婴幼儿发展及日常养育的相关信息。
    - **专门的调查和信息收集**：为更好地了解婴幼儿的发展状况、兴趣、特点和需求，保育人员可以设计专门的家庭带养信息、婴幼儿发展情况等方面的问卷、调查表等，邀请家长自愿填写以收集相关信息。（收集信息的范例可参考附件9）
    - **专业机构的测评**：包括婴幼儿入托的体检、园所定期开展的体格检测、发育评估等，这些通过卫生保健等部门的专门测评和检查数据可为保育人员提供参考。

    前面的信息采集使得信息解读时能有所依据，避免主观臆断。

2. 对班级情况进行信息解读

   班级情况分析解读一般包含哪些方面：
   - **概况**：人数、月龄、男女比例、是否有集体生活经验等。
   - **班级特点**：班级婴幼儿整体发展情况、生活或活动喜好、习惯养成情况、在照护时需要特别关注的事宜等。
   - **婴幼儿的发展水平**：对班级婴幼儿各方面的发展进行分析，包括发展水平、已有经验、感兴趣的内容；重点关注发展轻度偏离或异常的、有特殊需要的婴幼儿。
   - **家庭带养情况**：带养责任分工、家庭带养方式、育儿理念等。
   - **这些信息对保育人员有什么意义**：为保育人员规划活动提供线索和思路。

3. 编制学期/月/周/日保育计划

   班级月、周、日保育计划安排详见《托育机构一日活动方案》一书。

   "班级月保育计划"编制注意事项：

   "班级月保育计划"应包含本月重点关注、生活照料环境创设及内容安排、游戏活动环境创设及内容安排、本月家长工作要点等 4 个部分的内容。

   11 月

   本月重点关注

   — 学习更多生活自理技能，逐步学会脱简单衣物、会向成人表达自己的需要。

   — 开始熟悉身边的小伙伴。

   — 了解秋天常见的果实，愿意亲近自然。

   — 发展对话、使用形容词及方位词、插放、剥折撕等手部动作技能、辨识声音、使用工具涂鸦、直线延长排列、单脚站立、踮脚够物、跳、知道常见物品／身体部位的用途等能力。

   宝宝们基本上已经适应园所的集体生活了。相信班级里的宝宝各种能力也在逐渐形成、慢慢进步。宝宝在原有自我服务能力的基础之上，可以逐步形成更多的自理能力，比如脱简单衣物。保育人员需要给他们更多耐心，有步骤有方法地支持他们慢慢掌握这些新技能。

   宝宝对于周围的人和事物也已经熟悉，并且感到安全。他们会尝试向他人主动表达自己的需求，提出问题，发出邀请，甚至用一些比较特别的方式去靠近他人、引起他人的注意。保育人员应该给宝宝提供展示自己的机会，让宝宝之间更加熟悉、亲密。保育人员也需要带着敏感的心，去观察、理解宝宝的这些行为信号，及时回应并且尊重他们的意愿。

   在环境创设上，需要给宝宝提供更加丰富的支持其自我服务的环境材料。本月依然处于秋天季节，可以和家庭协作，带着宝宝去捡落叶，去果园、农场或者市场里看看、摸摸、尝尝各种水果、蔬菜……感受丰富多彩的秋天。

生活照料

环境创设要点

★ 给宝宝提供更加丰富的自我服务的环境材料，包括在洗手处放置小毛巾、在就餐处放置适合自己取放的餐具及擦脸毛巾、在活动室的固定位置放置清洁工具等。

★ 在环境中提供真实的蔬菜、水果，如小橘子、午餐的蔬菜等，在游戏区域放置真实的蔬菜、蔬菜照片。

★ 创设促进宝宝之间相互熟悉、了解的环境，如在墙上放置全体宝宝的照片等。

内容

SH-08　自己擦脸／擦嘴巴
SH-09　收拾自己的餐具
SH-11　主动如厕
SH-25　解开纽扣
SH-26　脱简单衣物
SH-43　和老师一起收玩具
SH-49　会进行日常生活对话
SH-51　关注周围的宝宝

游戏活动

环境创设要点

感统运动区： 提供平衡木、皮球、软球／沙包／可捏响的动物玩具等材料，促进宝宝单足站立、踮脚站立、奔跑、跳跃、蹲起等能力发展。

益智操作区： 提供珠钉玩具、鼓槌、自制乐器、可敲击的生活物品等材料，锻炼宝宝手眼协调能力的同时，促进他们对周围声音的感知和辨认能力。

装扮活动区： 提供娃娃、娃娃的替换衣物、浴盆、洗浴用品、餐具、切切乐玩具、仿真水果等材料，促进宝宝对物品功能的认知与表达。

创意表现区： 提供颜料、落叶、笔刷、胶棒等材料，促进使用工具涂鸦玩色、使用工具粘贴的能力。

语言阅读区： 提供《收起来》《水果水果捉迷藏》等生活习惯类图画书、隐含"藏找"游戏的图画书，以及水果卡片等，培养宝宝阅读兴趣，促进其对话、理解及使用形容词、方位词的能力。

建构活动区： 提供仿真水果等材料，促进宝宝的延长能力发展。

音乐活动区： 准备音乐《小猫操》《我爱我的小动物》《点点碰碰》等，提供自制小乐器，鼓励宝宝唱简单的歌曲、手指童谣等。

－一日活动实施保障－

内 容

健康与运动：	CT-01 踮脚站立摘果子
	CT-07 奔奔跑跑玩丝巾（重复）
	CT-15 抛落叶
	CT-29 拉小车捡树叶
	CT-44 小猫操
	ZW-07 插放吸管
	ZW-18 洗菜择菜做家务

健康与运动：
- CT-01 踮脚站立摘果子
- CT-07 奔奔跑跑玩丝巾（重复）
- CT-15 抛落叶
- CT-29 拉小车捡树叶
- CT-44 小猫操
- ZW-07 插放吸管
- ZW-18 洗菜择菜做家务
- CT-06 追逐跑
- CT-10 跨越障碍
- CT-21 听指令玩球（重复）
- CT-32 开火车（重复）
- ZW-06 插放小珠钉
- ZW-13 剥橘子

情绪与社会：
- TS-05 介绍自己的名字（重复）

感觉与认知：
- CT-26 跳跳踩踩玩落叶
- ZW-32 听听周围的声音
- ZW-20 切水果做三明治

语言与沟通：
- TS-08 认认说说常见食材
- TS-31 读图画书《拉粑粑》（重复）
- TS-37 读图画书《水果水果捉迷藏》
- TS-47 听方位词找落叶
- TS-10 对话常见物品及用途
- TS-31 读图画书《收起来》（举一反三）
- TS-38 水果捉迷藏

习惯与品质：
- CT-48 点点碰碰（重复）
- CT-60 小小演奏家
- TH-18 落叶拼贴
- PD-05 玩具排整齐
- CT-57 我爱我的小动物
- TH-11 在树叶上涂鸦
- PD-04 水果排排队

家长工作

★ 让宝宝在家中继续丰富自我服务的内容，如自己擦嘴擦脸、自己脱衣服、自己收餐具、自主大小便等。

★ 了解宝宝对蔬菜的喜爱情况，鼓励宝宝参与进餐的各项准备，比如参与买菜、洗菜、烹饪等。

★ 在家中给宝宝自己表达需要的机会。

★ 和宝宝一起去继续感受秋天，找找属于秋天的水果，和落叶游戏，倾听大自然的声音等。

★ 通过和宝宝聊天，激发宝宝对同伴的关注和喜爱。

"本月重点关注"是保育人员在对班级情况分析的基础上,依据机构教养目标、婴幼儿发展规律与特点及该年龄段婴幼儿教养内容与要求等制定出来的,是本月保教的重点内容。

围绕"本月重点关注",保育人员需设计适宜发展的环境、生活和游戏活动内容、与家庭协作的重点、评估的方式方法等具体内容。

需要注意的是: 0—3岁的婴幼儿需要稳定、有序的环境,但同样也需要新鲜和挑战的环境,所以,保育人员在对班级的游戏和活动环境做整体规划时,应遵循"循序渐进、逐步调整"的原则,在婴幼儿熟悉的基础上逐步调整新内容。

班级周/日保育计划编制注意事项:

"班级周/日保育计划"是对"班级学期/月保育计划"在每周、每日中的进一步细化和分解落实,它应根据班级婴幼儿每日发展情况进行动态的变化和即时调整。基本编制方法与月保育计划编制相同。

11月第一周内容安排

本周关注	·自己擦脸 ·收拾自己的餐具 ·好吃的蔬菜
本周环境要点	·在进餐、运动、盥洗等环节中,给宝宝提供可以擦嘴擦脸的小毛巾,并便于宝宝取放的地方。 ·提供适合宝宝自己端拿、取放的餐具,并在就餐区域附近设置适合宝宝回收餐具的设施 ·在环境中提供真实的蔬菜,供宝宝看看、摸摸、闻闻 ·在游戏区域提供平衡木、皮球、宝宝午餐时吃的蔬菜、番茄和鸡蛋、洗菜盆、垃圾桶、一次性餐布、宝宝反穿衣、扫帚和拖把等清洁工具、娃娃家仿真水果等玩具、提供各种蔬菜的图片及相关图画书、音乐《小猫操》等材料
家园共育要点	·建议在家中提供宝宝有自己擦嘴、自己擦脸的机会。给宝宝提供适合的餐具,饭后让宝宝负责收拾自己的餐具 ·了解宝宝在家中都喜欢吃什么蔬菜,给宝宝机会参与到烹饪蔬菜的各个环节中,比如参与买菜、洗菜等 ·多和宝宝说说、聊聊蔬菜的各种味道、对身体的好处,鼓励宝宝爱吃、多吃蔬菜

活动安排		周一	周二	周三	周四	周五
生活			SH-08 自己擦脸/擦嘴巴		SH-09 收拾自己的餐具	
自由游戏		摸摸闻闻蔬菜、洗菜、择菜叶；给娃娃洗手、洗脸、煮饭、喂娃娃；迈过低矮障碍物；跟着音乐做操；给玩具排队、给水果分类				
圆圈游戏活动	常规	CT-44 小猫操	CT-32 开火车（重复）		CT-48 点点碰碰（重复）	
	新游戏	TS-10 对话常见物品及用途	CT-10 跨越障碍	TS-08 认认说说常见食材	ZW-18 洗菜择菜做家务	PD-04 水果排排队
插入式活动		TS-10 对话常见物品及用途　　CT-10 跨越障碍　　TS-08 认认说说常见食材 ZW-18 洗菜择菜做家务　　PD-04 水果排排队　　CT-44 小猫操　　CT-32 开火车 CT-48 点点碰碰　　PD-05 玩具排整齐　　ZW-20 切水果做三明治				
调整与反馈						

"班级周/日保育计划"主要包括本周关注、本周环境创设要点、家园共育要点、活动安排、调整与反馈等 5 个部分。

"本周重点""本周环境创设要点""家园共育要点"等都是将"本月重点关注""班级月保育计划"的内容根据班级婴幼儿近期发展需要、实际情况等进行合理拆分和动态调整。

"活动安排"部分对一周的自由游戏活动、插入式活动及圆圈活动的内容进行预设性安排和计划。

4. 根据实施情况和评估对计划进行动态调整

不同的班级不会有完全相同的课程计划。班级学期/月/周/日保育计划是在不断地对个体婴幼儿发展需要进行梳理汇总的基础上，符合班级婴幼儿本阶段的实际情况、共同需求的一种预设，但同时要给保育人员留出空间以便其能基于班级婴幼儿的发展和变化及时做出调整。

托育机构一日保育中的观察与记录

在托育机构中,观察是保育人员非常重要的一项工作内容。通过观察婴幼儿,保育人员可以积累观察经验,理解婴幼儿的行为,了解他们是如何成长和发展的。帮助保育人员在婴幼儿游戏时刻有效地回应婴幼儿的需求,积累观察经验,最终又有助于形成更适合婴幼儿发展的目标和计划。所以,每一个保育人员都应该重视并做好观察,谙熟观察和记录的方法。

我们要做的是

① 根据班级周、日保育计划,做好观察的准备。
② 运用多种方法,完成观察记录。
③ 对观察的内容进行交流、汇总和分析。

如何做

1. 做好观察的准备

婴幼儿在一日活动中的各个环节的行为表现都应纳入保育人员的观察范围,保育人员需要提前规划好各个环节重点观察对象及内容。

2. 掌握日常观察记录的方法

日常观察记录方法有很多,包括叙述性描述、时间抽样、事件抽样、轶事记录、频次统计、检核表、等级评定量表等。每种方法都有自身的特点、使用方法以及优缺点。保育人员可根据要观察的内容进行记录方法的选择。

"婴幼儿发展情况检核表"的使用:

"婴幼儿发展情况检核表"(附件4)也是常用的记录方法,可配套观察日志共同使用,用以了解婴幼儿现阶段各领域发展的全貌。表格记录方法说明如下。

婴幼儿发展情况检核表（参考样例）

班级：		记录周期： 年 月 日 — 年 月 日									
领域	发展特点	婴幼儿姓名1		婴幼儿姓名2		婴幼儿姓名3		婴幼儿姓名4		婴幼儿姓名5	
		检核记录	日期	检核记录	日期	检核记录	日期	检核记录	日期	检核记录	日期

"发展特点"：罗列各个领域婴幼儿发展规律和特点，帮助保育人员对婴幼儿的发展有全面的认知。

"检核记录"：围绕"发展特点"结合观察日志中对婴幼儿表现出的各个领域的过程/情况记录，对婴幼儿每天/阶段观察的情况和结果进行记录。

"班级婴幼儿观察日志"的使用：

本《指引》提供的"班级婴幼儿观察日志"（附件5）属于轶事记录法，可用于一日生活各个环节的观察。对表格记录方法说明如下：

班级婴幼儿观察日志（参考样例）

观察时间：___年___月___日 记录人：_____

观察区域/内容：（可提前预设，也可根据观察实际情况进行归纳概括）	
观察对象：（填写幼儿姓名，可提前预设，也可根据观察实际情况进行归纳概括）	本次观察人数：
过程/情况记录	分析与解读
（可包括个体或小组婴幼儿生活、游戏活动中的过程描述、事件记录等，记录内容包括幼儿的语言、行为，当时的情景等）	（包括对婴幼儿行为的理解、与婴幼儿发展特点的关系、与家庭指导的关系等）
后续活动规划	
（可包括对照护计划的修订及补充，婴幼儿活动内容、环境材料的调整及保育人员的分工合作等）	

"观察区域/内容"用于观察的标题区域、范围，或是所关注的婴幼儿的表现、发展特点等，可提前预设，也可根据现场情况生发观察内容。

"观察对象"为当日计划或随机观察的婴幼儿姓名。

"过程/情况记录"为个体或小组婴幼儿生活、游戏活动中的过程的客观描述、事件记录等，记录内容包括婴幼儿的语言、行为，当时的情景等。

"分析与解读"主要侧重解读的内容如下。

① 对婴幼儿行为的理解。婴幼儿都表现出哪些生活或游戏行为？展现的游戏类型有哪些？婴幼儿学习到什么？兴趣点在哪里？这些行为背后的发展价值是什么，反映了婴幼儿当下怎样的发展水平、与应然水平的关系。我如何看待这些行为表现、婴幼儿在过程中是否遇到困难，是否需要协助或插入指导等。

② 与家庭养育的关系。

③ 其他。如，区域环境及空间布局需要哪些调整，一日作息安排是否需要以及需要做哪些调整？

"后续活动规划"可以记录如下内容：①评估婴幼儿发展现状，找寻发展的空间，对活动计划的修订及补充；②提供语言或行为支持；③调整活动内容、环境材料等来支持婴幼儿发展生活能力或深入、持续的游戏；④保育人员的分工合作；⑤家园沟通的内容；⑥其他。

"＿＿＿活动表现性评价表"的使用：

"＿＿＿活动表现性评价表"（见附件6）方便保育人员在开展一日教养活动的过程中进行观察与评估分析使用。

"观察要点"来自《托育机构一日活动方案》中每个活动的"宝宝能"部分。

"等级与描述"可根据保育人员的需要进行设计。可以采用"A. 熟练/能/喜欢、 B. 不熟练/一般/比较喜欢、 C. 不会/不能/不喜欢"这种概括式的方式；也可以采用具体行为描述的方式。

"其他情况"可记录个别婴幼儿的具体行为及保育人员想要记录的相关内容。

3. **客观地看待观察和评价结果**

婴幼儿的行为只是外部表现，每一种行为背后可能都有婴幼儿内在的动机和需求，也有行为发生的特殊情境，因此，仅仅根据他的行为表现就急着下论断去干预是不合适的。保育人员对问题和情境的认识与判断决定着对婴幼儿的态度和应对行为，如果保育人员只是从自己的视角来判断婴幼儿的行为，那么结论有可能完全是错误的，随后作出的反应和回应也会给婴幼儿带来不良影响。在保育人员看来是婴幼儿"问题行为"的很多外部表现，背后可能存在多元的原因：如啃咬、重复可能是伴随成长的探索，是婴幼儿学习和创造的开始；打人、尖叫可能是独特的解决方式；入睡困难、开口晚可能是家庭带养环境造成的，也有些问题可能是生理发展因素导致的。此外，一次表现性评价并不能给婴幼儿发展定性，要通过多场景、多任务、多途径进行综合分析和判断评价婴幼儿的发展。

为此,保育人员要学会等待和观察,站在婴幼儿的视角看世界,在确保安全的前提下等待事件自然、完整发生,尽可能还原事件发生的前因后果,了解婴幼儿的真正动机和需求。更重要的是保育人员要有多元视角,要从正常发展需要、独特的问题解决方式、带养环境、生理因素等角度来分析、排除、确定婴幼儿行为背后的原因,在找准原因的基础上区别对待。对于婴幼儿正常发展需要的,要多提供机会,满足他的需求;对于婴幼儿能力不及而采取的特殊表达方式的要注意引导和示范,帮助他正确、合理地表达;对于因为家庭带养不当或环境因素导致的,则要加强科学育儿指导和调整,加强家园沟通,形成合力改善婴幼儿成长环境;对于婴幼儿生理因素导致的,则要及时寻求专业支持。

其他事项

① 考虑到纸笔记录的一些缺陷,保育人员还可以结合视频、照片等方式进行记录。
② 保育人员之间需每日安排固定的时间对当日观察情况、后续的计划调整进行研讨和反思。
③ 观察记录的结果并不是为了评价婴幼儿发展的好坏,而是了解婴幼儿的发展现状,以便为其规划更适宜的活动。

建立多方协作关系的操作指引

与家庭协作

与家庭协作是指托育机构与家长（和社区）共同承担婴幼儿成长的责任，家长在婴幼儿教育过程中，与托育机构一切可能的互动行为，包括相互交流、信息共享、志愿服务、参与决策和与社区合作等多种实践类型。

沟通交流和理解尊重都是与家庭建立良好关系的关键因素。这些关系或纽带能够营造一个互信的环境，不仅有助于婴幼儿的成长，对于托育机构和家庭本身也大有裨益。

对婴幼儿来说，当照看他们的成人之间能有效合作时，就愈发有助于他的茁壮成长。保育人员可与家长交流婴幼儿的成长情况，探讨如何最好地满足他们的需求。当婴幼儿看到自己视为最重要的成人之间建立起牢固的纽带，便会开始了解建立良好关系的重要性。婴幼儿会通过观察来学习，学习如何与形形色色的人交谈和建立关系，从而帮助他们建立健康的人际关系。

对家长和保育人员来说，良好的协作关系会让彼此感觉温馨、受到尊重和重视，相互理解，求同存异，实现相互支持，帮助保育人员更加了解家庭文化。当家长和保育人员看见婴幼儿自由地探索、能力发展、得到良好的照料时，会有一种满足感和幸福感。

我们要做的是

① 学习沟通的方法，与家庭保持顺畅且高效的沟通交流。
② 围绕下面的内容与家庭进行定期的正式、非正式的沟通。
- 以具体案例的方式反馈婴幼儿在机构中的一日/阶段生活及发展情况。如婴幼儿在游戏中展现的新玩法/经验、婴幼儿遇到的困难以及他自己的解决过程与方法等。
- 需家庭合作的养育事件，如习惯培养等。
- 突发情况和事件，如疾病、受伤等情况。
- 家庭育儿主张、理念、需求等。

③ 与家庭合作共育，获取家庭在日常教养方面的配合与支持。

④ 严格遵守保密原则。

如何与家庭建立牢固的纽带关系

所有良好关系都建立在有效沟通、积极响应对方需求的基础上。沟通交流不仅仅是口头或书面的，也可以是非语言形式的。面部表情和肢体语言对于我们能在多大程度上与婴幼儿家庭建立坦诚的协作关系也有着重要影响。保育人员可提前了解家长希望以何种方式了解婴幼儿一天的生活。

1. **非正式沟通的操作要点**

   - 热情欢迎家长。要记住家长的带养角色，耐心了解每位家长的情况。例如，他们从事什么工作。从这些熟悉的话题开始，有助于开启对话。
   - 表现出真正的兴趣。除了关心婴幼儿，也可关心一下家长的情况，例如问一问："周末过得怎么样？"
   - 保持积极正面的态度。即使是谈论令人担忧的问题也应如此，避免流露指责或批评。
   - 热情且专业。与人说话时，一个微笑会起到很大作用，它表示你很高兴与他交谈。但要注意，自己与这些家庭之间是工作关系，避免谈论个人生活。
   - 懂得共情，耐心聆听，不时点头表示理解。要避免使用指责和说教的口气，应尽量站在家长的角度来看待问题，增强家长的育儿自信。
   - 郑重回应家长的问题和忧虑。
   - 尊重家长的角色和权利。为人父母并非易事，我们要相信家长已尽其所能做到最好了。与家长商量，互相了解对婴幼儿成长的关注点，并达成共识。

2. **正式沟通的操作要点**

   与家庭正式沟通的方式有很多种，例如发送告家长函、安排面谈、电话沟通、发送邮件等。为确保托育机构工作的顺利进行，与家长分享信息与最新消息必不可少。

   重要的是，保育人员需思考要与单个家庭、部分家庭或所有家庭分享的具体信息类型，以及最好的分享方式。对于个体家庭而言，可与家长分享仅和他们婴幼儿直接相关的信息；类似办学理念、费用构成、工作人员变动、育儿方法等信息则适合与所有家庭一同分享。

常见的群体正式沟通形式包括家园联系本、家园联系栏、家园开放日、园长接待日、家庭分享日、家长会、家委会等。

3. 与家庭沟通可能遇到的问题及应对方法

协作关系有时意味着要从另一方的角度来理解问题。要做到这一点并不容易。

当无法判断是否是合适的沟通时机时：

想一想家长通过非语言行为传递了哪些信息（例如双臂交叉、给人感觉在匆忙地完成任务、语气语调）。留意他人的非语言行为，这些行为能够暗示你现在是不是与其交流的恰当时机。

当不知如何与家长发起对话时：

当家长前来接送婴幼儿时，可以询问家长婴幼儿在家情况如何，有没有什么趣事或者其他事情与保育人员分享。仅通过类似这样的一般性礼貌对话，保育人员就能了解到关于家庭的一些新信息。

可以尝试围绕家长关心的话题发起交流对话："今天，希希第一次自己用勺子吃饭。我想，也许你想了解这一信息，因为我记得你提到过你正在家里教她如何使用勺子。"

当感觉自己的价值观未获得家长的尊重时：

可请家长带一些能够反映他的理念的、具有代表性的物品到机构，如特别场合或节日的照片等，以便保育人员更了解家长的价值观和信仰。

可在团队会议上与同事交流信息或分享你的感受，在团队帮助下努力从家长的角度来理解问题。

多途径展示机构的价值观，让家长有机会了解到这些信息。

当与家长在某件事的观点上有分歧时：

这是最需要对话的时候，找一个好的时机与家长或看护者交谈，确保时间充足。

努力从对方的角度来看待问题。

努力达成共识。倘若无法达成，那就求同存异，尝试着正视并接受彼此的差异。

提出一些可帮助理解对方立场和观点的问题。如，"哦，你是这样想的，好的，谢谢你告诉我你的想法。我们看待这件事的角度不同，所以结论也不同。"

当沟通时间紧张/沟通环境嘈杂，不能很好地沟通时：

把具体内容写在"家园联络本"上，让家长带回家阅读了解，并快速和家长约定一个后续沟通的时间。

"××妈妈,近期想要跟您聊聊宝宝的睡眠,具体情况我写在家园联系本上了,您先带回家看看,我们后续再聊。"

可在婴幼儿接送完毕后或者在规范的师幼比例下班级婴幼儿可由其他保育人员照护时,请家长到一个相对安静且温馨的环境中,和家长做沟通。

"好的,我们到休息室,坐下来好好聊一下。"

群体正式沟通形式操作方法举例:家长会

家长会是托育机构开展家长工作的一项重要活动,是家园合作促进婴幼儿全面发展的重要手段之一。是与家庭建立协作关系,帮助家庭了解机构的重要途径,同时也是机构向家庭普及科学育儿理念的重要方式。

家长会的形式有多种,如宣讲式、展示式、交流互动式等,按照范围可分为全园家长会或班级家长会。

托育机构应非常重视家长会工作,特别是第一次新生家长会。

1. **关注、了解家庭的实际需求**

   为了确立家长会的主题,使家长会能更贴近家庭的需要,前期对家庭需求的调查非常重要。

   摸清家长的需求的方式如下:

   - 日常工作中的信息收集。保育人员日常密切关注家长的育儿话题,通过家园联系本、日常的随机沟通等采集相关信息。
   - 专门的调查:保育人员可在家长会前设计相应的问卷,了解家长普遍关心、关注的问题。

2. **做好家长会的策划**

   托育机构可通过专题研讨会等方式共同策划家长会。策划家长会需要重点考虑以下内容。

   - 会议主题:机构可结合班级采集的家长需求确定主题。
   - 会议的组织形式:家长会的组织形式应根据主题来确定。但应尽可能确保家长会的互动性,搭建机构与家长、家长与家长间的充分交流探讨的平台。
   - 会议环境创设:一个温馨舒适的环境不仅可以让家长感到放松和愉悦,也能显示机构的专业

-建立多方协作关系的操作指引-

性。因此，如何让接待环境和接待过程井然有序是需要精心讨论和设计的。

- 相关准备：根据家长会的内容要求，做好物料、通知等各方面的准备工作。
- 会议的质量评估：为了确保家长会的质量，机构可考虑对家长会进行质量评估，如可通过设计问卷采集家庭对家长会质量的意见和建议。

家长会设计研讨过程也是提升保育人员专业水平以及家长工作水平的过程。

在充分讨论的基础上，即可形成家长会的组织实施方案，并配套形成分工表。

3. 做好通知，确保家长会的顺利开展

为了确保家长会现场的有序、顺利，机构需要确保接待环境温馨舒适、会议流程紧凑顺畅、会议现场令人轻松愉悦。以第一次新生家长会为例，现场组织流程建议如下：

温馨的接待环境：

- 家长进出的大厅应温馨舒适。比如为提前到达的家长准备舒适的休息座椅，准备一些育儿杂志等。
- 提前设计清晰的路线指引，帮助家长了解会场、盥洗室、茶水间、活动室等位置。
- 会议现场也应温馨、整洁。比如，机构可以将会议室的桌椅摆成圆桌，放置桌布、绿植等，提供舒适的椅子等。
- 保育人员应衣着得体、保持微笑。

有序的接待流程：

- 接待签到：这是第一次与家庭面对面的环节，因此，接待教师要亲切打招呼，指引清晰到位，及时发现和回应家长的需求。给予家长交谈和咨询时间。
- 可将会议涉及的如议程、规章制度、机构介绍、知情同意书等资料发放给家长，并指引家长前往会议室或就座。
- 会议过程中可设有专人进行巡视，处理突发情况、为有需要的家长提供帮助。
- 会议结束后应礼貌送别家长。

精心安排的内容：

第一次家长会有必要设置一些需要对家长宣讲的内容，可包括：

- 理念和方法：科学育儿的理念、婴幼儿发展的规律和特点、家园协作的重要性、学做"7会"

合格家长[①]（会照料、会抚爱、会陪玩、会沟通、会放手、会等待、会示范），做好入托的各项准备等。
- 机构的服务情况：机构的育儿理念和愿景、基本情况、一日保育情况介绍、收退费等重要的规章制度、其他需要家长知晓的事项等。

第一次家长会应安排家长与保育人员面对面的环节，保育人员可围绕以下内容进行。
- 了解家庭的基本带养情况。可以采取现场沟通、填写带养情况问卷等多种方式。
- 提供家长帮助婴幼儿入托适应的方法。
- 说明日常教养中需要家园协作的事项。
- 带领家长参观婴幼儿生活、游戏的环境，讲解机构在卫生、安全、照料、活动内容安排等方面的设计与考虑，帮助家长全面了解婴幼儿在园生活。
- 解答家长的疑虑、担忧和困惑。

生动的组织形式：

会议组织者可以通过多种方式让家长会的氛围更轻松。如会议前可通过破冰游戏降低家长和保育人员的陌生感；播放提前准备的班级婴幼儿的照片或视频增加家庭间的了解；共同探讨婴幼儿在机构的视频案例帮助家长了解婴幼儿在园生活；设计一些讨论话题鼓励家庭间的观点碰撞和经验交流等。

4. **倾听家长的反馈，做好家长会的总结**

对家长会进行总结是后续改进工作的重要一环，总结可以从多个角度进行，包括对家庭在参与家长会的体验、感受和建议，采集家长的满意度等。除了倾听家长的反馈外，机构可从家长会的内容设计、接待安排、相关准备、保育人员之间的分工合作等进行分析总结。

需要注意的事项

1. 沟通是双向的，保育人员在向家庭提供信息的同时，也应鼓励家庭分享他们所了解的信息，应认真倾听，让家长了解到他们分享的信息有助于提升婴幼儿在机构的生活和游戏体验，与家庭沟通并不是教育

[①] "7会"家长：《上海科学育儿指导服务手册》

-建立多方协作关系的操作指引-

家长或是以专家身份给出专业建议。

2. 有效沟通的关键是与家庭建立良好的关系。保育人员可以从以下几方面着手：让家长在机构感到温馨自在；尊重家庭的文化和育儿理念；注重对家庭的隐私保护，维护家长和婴幼儿的权益；有意识地增强家长的育儿自信。

3. 保育人员需要增强对"家庭"的理解：理解家庭文化、语言背景和家庭育儿方式的多样性等。保育人员需要挑战自己固有的信念，以开放的心态面对各种家庭。

4. 保育人员应具备与各类家庭沟通交流的能力。当沟通不顺畅时，保育人员需多反思自己的沟通方法，尝试多站在家长角度去理解家长的需求，通过倾听、共情、协商等方式来达成共识。只有确保婴幼儿和家庭对机构形成归属感，才能为他们提供最好的保教服务。

5. 收到投诉或建设性的反馈意见从某种程度上来说，对于机构而言是一件好事。倘若机构能认真对待，就能不断改进或寻求改变，提升与家庭协作的能力以及机构保教服务质量。

保育人员之间的协作

在婴幼儿照护工作中,同事关系至关重要。育婴员和保育员统称为"保育人员",他们虽分工不同,但是协同工作,共同保障婴幼儿在托育机构的一日活动开展。

保育人员之间的相处原则

- 相互尊重。育婴员和保育员只是分工不同,不存在等级差别,彼此都需要得到尊重,而且彼此要充分信任,相互欣赏。
- 充分沟通。需要通过交谈来建立关系、解决冲突、分享婴幼儿及家庭信息、设定目标、评估婴幼儿以及共享资源。
- 彼此配合。保育人员之间需要在很多工作中展现团队精神,通过协作来完成工作,达成目标。

提升保育人员之间关系质量的方法

- **设定专门交流时间**

机构需要创设机会让保育人员彼此了解,充分交流。可在每日婴幼儿离园后设置固定的沟通时间,以及通过安排员工聚会、培训等活动来达到这个目的。

- **增强团队的凝聚力**

机构需要投入精力去推动保育人员之间发现彼此的优点,相互感激,相互帮助。可通过感恩时间、生日派对、互助活动、庆功会等,让大家有机会彼此表达欣赏和感激。

- **将问题视为学习的机会**

对于在工作过程中出现的各种问题和不愉快,机构需要引导照料者相互理解、相互学习、表达感受、共同解决问题,把每一次解决问题视作彼此靠近和共同成长的机会。

附件

附件 1

0—3 岁婴幼儿的发展规律和特点列表[①]

健康与运动

月龄段	粗大动作	精细动作
0—3 个月	会更流畅和自如地摆动身体和四肢，偶尔会用力伸直双脚或踢腿 头可从一边转向另一边 俯卧时能抬头，抱坐时头稳定 被托起来坐时，头能跟着看到的物品或听到的声音转动 被竖直抱时，头较稳 开始能侧翻	能张开小手 能握住放在手掌中的手指 能摆弄双手或把手放入口中 能将双手碰在一起
3—6 个月	俯卧抬头 90° 能翻身 拉坐时头不后垂 靠着坐保持平衡，上体能转动，双手在前可撑一小会儿 喜欢用双脚蹬跳	伸手试图够取眼前的物体 双手能合在一起把玩 抓住悬挂物玩具 玩具能在两只手间交换

[①] 本部分内容主要参考了教育部《0—6 岁儿童发展的里程碑》《上海市 0—3 岁婴幼儿教养方案》以及上海市早期教育指导服务中心的《聪明宝宝从这里起步》等。

(续表)

月龄段	粗大动作	精细动作
6—9个月	趴着玩，并能单手手臂支撑上身 俯卧时原地打转 能自如地连续翻身 能独坐 能爬 能扶物跪一会儿 能拉着小床栏杆等站起来	双手拍打、对敲 能从容器中取物 会双手扯纸
9—12个月	坐姿、跪姿、趴姿等转换灵活 自如地手膝爬行 能扶物蹲下捡物并站起 能扶物向前或侧迈步 能滚皮球 能站稳，独走几步	手指会点戳、按压、抠等动作 能垒高1~2块小方木 能捏起小物品
12—18个月	停走自如 弯腰、蹲下取物 攀爬低矮家具，手脚并用倒退着爬下楼梯 能扶栏杆上几级楼梯 钻爬低于身高的空间 能推大球，并跟着快步向前追 走路时能推、拉或搬运物品 能踮脚够物	双手配合嵌套 垒高3~4块小方木 手眼协调插入小物件 抓笔涂涂画画 模仿成人尝试简单的工具 能从杯子中取出或放进小物品
18—24个月	会跑3~4米，但不稳 能举臂过肩投球 能蹲着玩或蹲着向前移步 自己扶栏杆上下楼梯 做扔、踢等动作时能保持身体平衡 在大人的照顾下，在宽的平衡木上走 能推拉有轮的玩具，且较好地控制速度	双手配合穿大珠 一手按纸，另一手握笔画连续的圈 拇食指配合剥、拆开物体 垒高5~7块小方木 会用旋、拧等方式旋拧瓶盖或玩玩具 模仿大人，试图开合普通的拉链

(续表)

月龄段	粗大动作	精细动作
24—36个月	踮脚站立，取到高处物品 能持重物步行 能倒着或侧走 能爬低矮的攀登架 会奔跑 能自己上下楼梯 能独自绕（越）过障碍物 能走较宽的平衡木 能朝目标扔球或踢一个大球 会按停滚来的球 会骑三轮车 能原地双足并跳、双脚向前连续跳 能模仿不扶物品单足站立1~2秒钟 能模仿用脚尖走路	喜欢倒东西和装东西的活动，如玩沙、玩水 能手指捏小东西，并能放进小的开口中 会拧开或拧紧盖子 完成非常简单的拼图 能穿大珠，技能更娴熟 能使用夹子 会捏、团、揉、压、搓、撕、贴，能将纸折叠变小 可以双手配合使用扫帚、簸箕等工具 能用玩具、锤子等较准确地敲击小木桩 尝试使用胶棒涂抹 会使用安全剪刀 垒起更多的小方木 能画单条有头有尾的直线、封闭的圆

情绪与社会

月龄段	发展特点
0—3个月	用哭声或动作吸引别人的注意，表达需求 与陌生人的声音相比，更喜欢听母亲的声音 喜欢被抱，妈妈抱着时显得特别安静 关注他人，喜欢盯着人看，尤其喜欢看妈妈的脸 会笑出声

(续表)

月龄段	发展特点
3—6个月	开始与主要养育者互动,喜欢被主要养育者抱 会大声笑 开始认生 能区分高兴、生气等情绪,也能感受并表达烦躁、愉悦等 会对着镜子中的镜像微笑、发音
6—9个月	喜欢、亲近主要养育者,与其分离时会表现出难过 情绪进一步丰富,会出现惊讶、难过、沮丧等 大人表扬自己时有高兴的表示 成人呼唤自己的名字时有反应 能遵守主要养育者的一些要求,但也开始表现出独立性 照镜子时会对着自己的镜像拍打
9—12个月	对成人的不同表情、语气等作出相应反应 依恋主要的养育者 遇到困难马上寻求养育者的帮助 对自己新学会的本领感到高兴 喜欢互动类游戏,开始逗别人 有自我意识,知道自己的嘴、眼睛、手脚等 关注同伴,并乐于靠近他们
12—18个月	与主要养育者关系亲密,也开始愿意与他人亲近 在熟悉的环境中能自己玩一会儿 能与主要养育者分享自己喜欢的物品 对同伴表现出极大的兴趣(凝视或触摸) 情绪易受感染,短时间内表现出不同的情绪变化 能从他人行为中分辨他人的情绪 独立意识开始发展,会明确表示自己的意愿 能认出镜子中的自己 分辨出自己常用的物品 愿意听从指令

(续表)

月龄段	发展特点
18—24个月	主动邀请熟悉的成人一起活动 表达、表现多种情感 在陌生环境中与养育者分离有恐惧情绪和抵触行为 能识别养育者的表情、语气的细微变化，并能调整自己的行为 在得到帮助的情况下能较好地控制情绪 开始出现反抗行为 表现出明显的物品所有意识 能认出照片上的自己和家庭主要成员 在提示下安慰同伴（看见同伴哭泣时） 开始更喜欢与同伴游戏 出现选择行为 开始理解并遵守简单的行为规则
24—36个月	喜欢"帮忙"做家务 爱模仿生活中的活动，喜欢玩过家家，如喂玩具娃娃吃饭 喜欢和别的孩子一起玩 在成人提示下，能记住并遵守简单的规则，合群意识在逐渐提高 会主动与熟悉的成人打招呼和告别 会用"我"表示自己，表现出独立的意愿 会简单表述自己的情绪，爱说"不"，出现第一反抗期 有简单的是非观念 有时候很紧张自己的物品，不愿与他人分享 表现出更多高级复杂情绪，如骄傲、内疚、尴尬、自尊心 开始控制自己情绪，但还是会发脾气 开始会关心他人，会表示同情 在听故事时，会产生与故事情节相应的情绪 对每日规律性的活动或作息产生期待 开始知道自己是男孩还是女孩

感官与认知

月龄段	发展特点
0—3个月	醒着时，目光能追随距眼睛20厘米左右的物品 注视自己的手，探索手指 能分辨味道，喜欢甜味，对冷热触觉也有明显反应 对气味有感觉，当闻到难闻的气味时会转开头 注视鲜亮的图片、照片和镜像 表现出视觉偏好 听到声音会转头寻找 出现最初的模仿行为
3—6个月	用嘴探索物体 用视线追踪移动的物体，喜欢看鲜艳的东西 对人声或发声的玩具有兴趣，并能寻找声音的来源 能记住经常接触的物品，对粗糙等不同触感的物体有不同的反应 会故意扔摔东西 喜欢与大人玩"躲猫猫"游戏
6—9个月	对熟悉的人或事物开始出现长时记忆 开始表现出客体永久性萌芽 对镜子中或照片中的影像感兴趣 喜欢自己制造、探索各种声音
9—12个月	能寻找部分或完全被盖住的东西 能根据不同的距离或深度、不同触感或味道的物品做出不同的反应 用啃咬等方式探索物品慢慢过渡到用手等多种感官、肢体互相协调探究物品 会有简单的解决问题的行为，如把瓶子里的物品倒出来等 能根据养育者的引导指认生活中常见物品 模仿大人拍手、挥手、摇头、梳头、打电话等常见的一些行为 有延迟模仿的现象

(续表)

月龄段	发展特点
12—18个月	感知物体的温度、硬度、质感的不同，区分明显的大小等 能找到自己藏起来的物品 发现并运用更简单的方法摆弄操作物品 会指认3个以上的身体部位 能准确地把简单的几何图形放入镶嵌板中 能正确地操作和使用常见物品 能认出镜子中的自己 能辨别家里熟悉的物品
18—24个月	喜欢玩沙玩水 能指认更多身体部位 知道并运用自己的名字 认识或能说出生活中常见的物品 能指认2~3种颜色 对物品摆放的位置、做事的顺序及规则十分敏感 将图片与实物配对，对基本图形能稳定配对 会玩简单的几何拼图 知道常见物品之间的关系 会跟着成人唱数1~5，能取"1"数量的物件 会使用工具解决简单的问题 会根据后果调整行为 出现初步的装扮行为
24—36个月	喜欢玩沙玩水 能指认正方形、圆形等基本形状 能辨别生活中和自然界的常见声音 能说出常见物品的多种颜色 能仅凭触觉辨识一些熟悉的物品 在成人的引导下会区分事物间的"相同"和"不同"

(续表)

月龄段	发展特点
	对数字感兴趣，能唱数到 10 手口一致地数 1~5，会 5 以内的按数取物，会做数字和数字的配对 知道常见物品的用途，比如身体各个部位的用途 对事物的属性开始有更多的认知，比如逐渐获得大小、高低等概念，能比较长短、多少 会对物品进行初步的归类，能分辨并将熟悉的物品与声音或图片匹配等 知道里面、外面、前面、后面的方位，记得东西放在哪里 能了解常见小动物的习性 能记起近期发生的一些事，并简单地表达 在游戏中会使用替代物 能模仿搭建，如模仿搭桥 会进行角色扮演，出现简单的情节

语言与沟通

月龄段	发展特点
0—3 个月	开始模仿或发出某些声音 能应答性发声 会以微笑与人沟通，尤其是熟悉的人 对不同的声音有不同的反应 用不同的哭声表达不同的需要 听到养育者有韵律的儿歌/声音时，会安静下来
3—6 个月	对熟悉的声音更敏感（如熟悉的儿歌、熟悉的人声等） 咿呀自语，不断重复发出一连串无意义音节 喜欢别人跟他说话，能用声音、表情回应 可以区别不同的说话口气，受到批评会哭 看到熟悉的画面、色彩对比强烈的图案等会看一会儿

(续表)

月龄段	发展特点
6—9个月	能理解养育者的一些语气所表达的意思 听到熟悉的词会看向相应的物品 开始咿呀学语，能反复发出"Ma-Ma""Ba-Ba"等元音和辅音 能用不同的语调、简单的动作等表达需要 喜欢和养育者一起看图片、摆弄图片 看到图片/故事书上熟悉的人或物时，会做出相应的反应
9—12个月	对自己的名字有反应 开始把声音和意义联系起来，听懂熟悉的词汇，能指认相应的物品 能说出最常用词汇，如"爸爸""妈妈" 综合运用语音、语调、动作等来表达自己的需要、回应养育者 能安静地听养育者念一会儿儿歌或故事 喜欢看色彩鲜艳、画面简单的图书，能依据简单指令指出熟悉的图案 会把词和相应的动作建立关联 理解如拍手等简单的指令，遵守养育者"不""不可以"等指令
12—18个月	能理解更多词的意思，主要是名词和动词 能理解养育者话语中不同语气、语调的含义 能指认身体的各部位 用1~2个字表达自己的意愿 能有意识地叫"爸爸""妈妈" 听懂、执行简单的指令（如把物品给大人） 尝试说单音词、叠音词表达熟悉的人和物（如主要家庭成员的称谓） 用语调、词汇或动作等表达需要和态度（如要喝奶） 当养育者念熟悉的儿歌、童谣时，能接最后一个字 喜欢听儿歌、有简单生活情节的故事，听大人的指令能指出书上相应的东西

(续表)

月龄段	发展特点
18—24个月	能理解简单的日常用语 逐渐理解一些概括性的词汇 正确说出家庭成员的称谓 能进行日常简单的生活对话，会说2~3个词组成的短句 喜欢问为什么 能跟着念简短的儿歌 主动要求与养育者一起看书 喜欢反复看同一本书或听同一个故事 能说出熟悉的画面上的人和物
24—36个月	语言爆发期，词汇量快速积累 基本能理解日常的生活用语 能听懂并执行两个以上连续动作的指令 使用简单的礼貌用语 能简单描述生活常见物品的用处 能正确说出常见职业的名称 能模仿成人说出由4~5个词组成的句子，复述简短的句子 开始使用我、你等人称代词、方位词、形容词、副词、连词 会说"一个""一辆"等数量词 喜欢问问题，能回答简单的"什么""怎样""在哪里""为什么"的问题 能用简单的句子表达自己的需要、意愿和看法 会说自己、家人的名字及一些特征 能背诵熟悉、简短的儿歌 喜欢听成人读故事书，能记住一些故事情节，模仿或复述故事中反复出现的词或短句 有初步的阅读习惯，看完书会放回原处

习惯与品质

月龄段	发展特点
0—3个月	形成适合自己规律的、基本稳定的吮吸奶汁的习惯和时间 形成睡眠—觉醒周期 以睡眠为主,随月龄增长睡眠时间逐渐减少 当听到轻音乐、人的说话声时会安静下来
3—6个月	形成适合自己规律的、基本稳定的吮吸奶汁的习惯和时间 开始吞咽糊状食物 能表现出饥饿或饱腹的信号 夜间逐渐能睡整觉 对周围的各种东西都感兴趣
6—9个月	适应小勺喂食 按时睡觉 能配合养育者进行餐后清洁 会把食物放进嘴里 出现一些反复的、有目的的探索行为 听到好听的音乐旋律,会做出扭动身体等愉快的情绪或行为反应
9—12个月	能咀嚼、吞咽松脆的固体食物 能双手捧杯 每天排便次数、间隔时间等逐渐表现出一定规律 能配合穿衣等日常照料活动 能感受节奏,尝试模仿音调,会跟着节奏摆动等
12—18个月	自己握勺舀食物吃,但不太娴熟 能较好地咀嚼、吞咽软固体食物 在成人协助下脱简单衣物、鞋袜 用毛巾粗略地抹嘴、抹手等 能自己用杯子喝水

(续表)

月龄段	发展特点
18—24个月	开始能理解并遵从简单的行为规则 喜欢反复操作、探究简单的因果关系，发现物体的用途 听到熟悉的音乐会作出摇摆、拍手等行为 喜欢涂涂画画，制造各种痕迹 能比较熟练地用小勺进食 会坐便盆排便，白天基本不尿湿裤子 脱简单的衣物、鞋袜 愿意在协助下模仿漱口刷牙 在提示下能遵守简单的安全规则、指令 能根据音乐的节奏尝试表达表现 喜欢用各种工具和材料涂涂画画 喜欢探索更为丰富的因果关系
24—36个月	能独立进餐 能解开或扣上衣服上的大纽扣 白天能控制大小便，主动如厕 穿脱简单的鞋袜及衣裤 能学着自己洗手、擦脸、刷牙 记住并遵从一些简单的规则 经过提醒后，能知道并远离一些常见的危险 有一定的专注力，能专心地玩一会儿 开始有目的地使用东西，如把一块积木当作一艘船到处推 很喜欢画画，越来越知道要画什么，会说出画了什么 对颜色兴趣浓厚，可以无拘束地涂抹出一幅抽象派作品 如果有人示范，可以画或模仿画圆形、正方形、三角形 玩简单的乐器 唱简单的歌曲、节奏和手指童谣 喜欢并能自己看一会儿书

附件 2

一日生活照护情况记录表(参考样例)

班级:　　　保育人员:　　　记录日期:

序号	姓名	内容						备注 (保育人员及家长特别关注的内容或其他)
		哺喂&餐点 (时间、量)	饮水 (时间、量)	换尿布&如厕 (时间、颜色等是否正常)	盥洗 (时间、情况)	睡眠 (时间、情况)	安抚 (时间、情况)	

说明:该表用于保育人员记录全日里的生活照护情况,包括喂养、如厕、睡眠等,可作为家园沟通及保育人员之间交接的依据。

附件 3

家园沟通情况记录表(参考样例)

宝宝姓名:_____ 班级:_____

序号	沟通日期/时间	沟通对象	沟通主题	具体内容	后续工作	记录人

备注:本表由保育人员填写,帮助保育人员联络家庭做好前期的计划、后期的记录备忘。

附件 4

婴幼儿发展情况检核表（参考样例）

班级：　　　　　记录周期：___年___月___日—___年___月___日

领域	发展特点	婴幼儿姓名 1		婴幼儿姓名 2		婴幼儿姓名 3		婴幼儿姓名 4		婴幼儿姓名 5	
		检核记录	日期	检核记录	日期	检核记录	日期	检核记录	日期	检核记录	日期

说明：1. "领域""发展要点"处填写方法可参考附件 1 "0—3 岁婴幼儿的发展规律和特点列表"。

2. "检核记录"处填写方法： A. 熟练/能/喜欢、 B. 不熟练/一般/比较喜欢、 C. 不会/不能/不喜欢。

附件 5

班级婴幼儿观察日志（参考样例）

观察时间：___年___月___日　　　　　　　　记录人：_____

观察区域/内容（可提前预设，也可根据观察实际情况进行归纳概括）：	
观察对象（填写幼儿姓名，可提前预设，也可根据观察实际情况进行填写）：	本次观察人数：
过程/情况记录	分析与解读
（可包括个体或小组婴幼儿生活、游戏活动中的过程描述、事件记录等，记录内容包括幼儿的语言、行为、当时的情景等）	（包括对婴幼儿行为的理解、与婴幼儿发展特点的关系、与家庭指导的关系等）
后续活动规划	
（可包括对照护计划的修订及补充，婴幼儿活动内容、环境材料的调整及保育人员的分工合作等）	

说明：本表格适用于一日照护的各个环节观察记录。

附件 6

＿＿＿＿＿活动表现性评价表（参考样例）

班级：　　　　　记录者：　　　　　　　　　　　观察记录时间：

观察要点	（来自于活动参考中的"宝宝能"）			
等级与描述	等级和描述的方法有很多，可以采用如下概括式的等级描述方式： A. 熟练/能/喜欢 B. 不熟练/一般/比较喜欢 C. 不会/不能/不喜欢 也可以采用对熟练、不熟练等词汇进行具体行为描述的方式，如： A. 能连续串 10 颗以上的大珠 B. 能穿上几颗大珠 C. 不会穿大珠			
幼儿姓名/月龄	观察与检测（请打"√"）			
	A	B	C	备注/反思
其他情况	（可记录个别婴幼儿的具体行为及保育人员想要记录的相关内容）			

说明：本表用于记录自由活动、插入式活动中的观察结果。

附件 7

亲子游活动的参考样例

7.1 亲子游活动踩点报告

实况记录	跟进建议
一、交通与泊车	
重点记录亲子游地点、是否能泊车以及收费情况、有无泊车管理、泊车管理人及电话等	可包括：对家庭出行情况的统计、做好"停车费/包车费、联络人、停车标识"等方面的信息告知等内容
二、集体活动场地（可供 50 个家庭集体活动的草地）	
重点记录有无适合机构家庭集体活动的草地、位置、如何前往以及到达时间、草地状况以及是否设限、安全情况、其他可能存在的问题等	可包括：家长出行清单、机构需要配置的物资、是否需要志愿者等内容
三、参观活动环境	
重点记录有无参观活动环境，并对其做出评价（卫生情况评价：▲表示不卫生，5 个为上限；娱乐性评价：★表示有娱乐性，5 个为上限） 如动物园；免费；可买食物喂食▲▲▲；★★★	可包括：对家长的告知、对保育人员设计活动的建议等内容
四、自由娱乐活动场地	
重点记录有无参观活动环境，并对其做出评价（安全情况评价：▲表示不安全，五个为上限；娱乐性评价：★表示娱乐性，五个为上限） 如观鱼池；有一处无护栏；▲▲▲▲▲；★★★	可包括：对家长的告知、对保育人员设计活动的建议等内容

(续表)

五、集体游园线路	
重点对集体共同游园的路线进行规划，通常从集合地点开始到集中或活动的场地为止，对沿途有价值的集体游园点进行绘制和描述（可绘图或配实景照片）	可包括：对教养人员设计游园指南等内容
六、生活设施	
可包括有无适宜婴幼儿的厕所等设施	可包括：对家长的告知、对保育人员设计活动的建议等内容
七、安全与卫生状况	
重点记录环境的安全与卫生情况，并对其做出评价。如果评价较低，需要引起机构的重视（以★表示正面性评价，5个为上限）	可包括：对人员配置、家庭指导、购买保险应急预案等内容
八、管理人员	
重点记录亲子游地点的管理人、泊车管理人及其电话	可包括：对机构相关对接人的安排内容等
九、小结	
对亲子游地点的整体性评价（以★表示正面性评价，五个为上限），包括娱乐性、卫生状况、安全、服务、费用等情况	可包括：踩点结论、活动整体建议等内容

7.2 亲子游组织实施方案

活动目标：

活动时间： **活动地点：**

活动班级与人数：

活动组织与实施：

1. 活动前

   集体活动方案；分组活动方案；踩点报告；家长通知；教师人员分工表；物料准备；班级安排表；应急预案；集体游园活动方案、集体游戏活动方案、自由娱乐活动方案等的准备。

2. 活动日

   组织活动、拍照、签到
3. 活动后

   宣传、调研、资料整理

分工与安排：

类别	项目	要素或内容	责任人	完成时间	说明
前期准备	公园联系/踩点	踩点报告及要求			
	保险	购买工作			
	交通联络				
	活动程序安排	游园路线、各类活动设计等			
	活动设计	总体方案、分工表、集体活动游戏设计、自由活动设计、游玩指引设计等			
	通知	包括家长通知撰写、应急预案编制、宣传等			
	物料	包括班级立标牌、标识、急救箱、游戏道具等物料的准备			
	统计	包括签到、包车、车位人数统计			
活动当日	集中	集合地点的人员安排及职责			
	游园、游戏	游园、集体游戏等环节的人员安排及职责			
活动后	总结	包括家长调研、分析总结、资料归档等			
	宣传	包括活动回顾性文案编写、对外宣发的人员安排及职责			

7.3 亲子游具体活动方案（参考样例）

本组亲子游目的：
本组带队人员：
本组所带班级（月龄）或人数：
本组活动内容及安排：

一、 签到、集合
　　时间：
　　提示家长：

二、 集体游园
　　时间：
　　提示家长：

三、 草地集体游戏
　　时间：
　　具体流程：
　　问好（具体组织实施方法）
　　集体游戏（具体组织实施方法）
　　提示家长：

四、 自由活动
　　时间：
　　提示家长：

五、 解散
　　时间：
　　提示家长：
　　其他工作备忘：

7.4 亲子游活动应急预案（参考样例）

为了强化安全管理，保障家长、宝宝及保育人员的人身财产安全，确保亲子游活动顺利进行，在活动过程中，各项应急措施必须落到实处。包括各类突发事件、安全事故等的应急处理办法。

一、应急小组

职务	姓名	联系电话	主要职责	备注
组长				
组员				

二、应急处理细则

1. 因天气因素变更活动的处理

……

2. 防止活动当日人员走散的处理

……

3. 突发意外事故的处理

（1）家长或宝宝在途中突发疾病、意外伤害（如摔伤等）。

（2）如遇溺水事件。

（3）……

三、其他事项

7.5 亲子游活动通知(参考样例)

亲爱的家长:

  为了提倡"生活中育儿"的理念,鼓励家长能够陪同宝宝多到大自然中去感受、体验与学习,近期我们将开展亲子游活动。活动当日,家长与宝宝将共同走近大自然,与大自然亲密接触。保育人员也会安排适宜户外进行的丰富多样的亲子游戏,以帮助大家增进亲子关系。爸爸妈妈快带着宝宝一起来参加吧!

  活动时间:

  活动地点:

  活动程序:

  特别提示:

  谢谢合作!

×××托育机构

附图:亲子游地点地图、交通方式　　　　日期:

回　执

  宝宝姓名:_____　　班　别:_____

  我已认真阅读通知。

1. 是否参加亲子游? □参加　□不参加
2. 您选择的交通方式?
□乘坐机构统一包车前往　□自己前往,无泊车需要　□自己前往,有泊车需要
3. 几位家长陪同前往参与亲子游?　□1位　□2位
(请选择"参加"的家长完成"2、3"的填写)

家长签名:_____

日　期:_____

7.6 亲子游家长满意度问卷调查(参考样例)

亲爱的家长:

　　本次户外亲子游活动已经顺利结束了,我们首先对家长的积极配合与热情参与表示感谢!同时,我们期望家长给予真实的活动反馈,为以后是否开展此类活动、如何更好地开展活动提供参考。您的回答与选择对我们工作的改进非常重要,问卷不会另作他用,请您如实填写。

　　衷心感谢您的配合与支持!

×××托育机构

日期:

宝宝班级:_____

1. 您对此次亲子游活动是否满意?

□非常满意　□基本满意　□不太满意　□很不满意

2. 此次亲子游活动在哪一方面需要做出改进?

□组织管理　□活动形式　□活动内容　□活动时间、地点

3. 您认为是否有必要再开展此类活动?

□有必要　□没必要　□无所谓

4. 如果开展节日庆典活动或其他特别活动,您愿意参加吗?

□非常愿意　□不愿意　□无所谓,如果是课程安排的一部分,我会参与

5. 您对此次亲子游活动有什么具体看法或对以后的活动有什么样的期望?

附件 8

节庆活动设计方案（参考样例）

活动目标

活动时间　　　　**活动地点**　　　　**活动班级与人员**

活动安排

程序	时间	地点	内容	工作指引

环境及材料准备

地点	区域	内容	责任人	所需支持

（保育人员可考虑借用机构的其他场所、活动室的各个区域进行环境准备）

与家长沟通

　　家长准备：

　　沟通方式：

附件 9

家庭信息收集举例

保育人员可以围绕以下信息面向家庭进行信息收集：

1. 婴幼儿的发展情况、兴趣、爱好、脾气性格等。

2. 婴幼儿日常睡眠模式或习惯：以便机构能够结合婴幼儿在家中的睡眠模式或习惯安排婴幼儿的在园作息，从而确保婴幼儿顺畅地实现过渡，同时为家园共育工作提供参考。

3. 婴幼儿日常尿片更换或如厕习惯：倘若婴幼儿已在家中成功养成了尿片更换或如厕习惯，机构则可复制和延续家中的成功做法，不给婴幼儿造成困惑。

4. 日常喂养习惯：喂养是一种个体化行为，每个家庭都有自己的喂养习惯。机构应当竭尽所能，为婴幼儿提供支持。以便机构能够结合婴幼儿在家中的喂养习惯安排婴幼儿在园餐饮，从而确保婴幼儿顺畅地实现过渡，同时为家园共育工作提供参考。

5. 婴幼儿交流方式和信号：每个婴幼儿都有自己独特的交流方式，会根据其需求发出不同的信号，这些信号通常无法轻易被理解。倘若保育人员理解信号的含义则对照顾婴幼儿大有帮助，这样婴幼儿会感觉到自己的需求获得了倾听。

6. 日常安抚策略：每个婴幼儿都是独立的个体。了解适当的安抚策略，有助于帮助婴幼儿顺畅地实现从家中到机构的过渡，让婴幼儿感到舒适、安全。

托育服务的主要对象是0—3岁婴幼儿。婴幼儿是带着生命的密码来到人间的，是带着先天的成熟发展时间表降生的，婴幼儿的生长发育"是在生物学上现成地配置好，在出生前后经历成熟过程发展而来的"。早期教养要尊重婴幼儿生理成熟与心理发生、发展规律。

一、基本理念

为提高托育服务机构的服务质量，促进托育事业的发展，本纲要倡导以下理念。

（一）儿童为本

0—3岁婴幼儿的健康与发展是早期教养的出发点和归宿。托育机构的照护和服务倡导尊重婴幼儿特有的生理成熟和心理发生、发展规律，关注婴幼儿发展速度和特点的个体差异，关注婴幼儿在发展过程中的关键期与典型行为；倡导站在儿童的视角看世界，注重在生活与游戏中观察、解读、尊重婴幼儿，强调在健康养护与照护中顺应婴幼儿的发展需求，给他们以选择；反映婴幼儿发展与教育研究的最新成果与趋势，坚持科学育儿的理念。

（二）关注长远

科学的早期教养倡导与婴幼儿建立安全且亲密的关系，强调保育人员在一日生活的各个环节都要关注婴幼儿看到的、正在做的和感受到的事，强调在尊重视角下的回应性照护的实施；倡导早期教养要注重提供婴幼儿成长不可或缺的关键经验，反对任何以牺牲婴幼儿幸福童年为代价的学习；强调早期教养要寓教于乐，用游戏的方式进行，用婴幼儿能理解的语言适时、适当地回应婴幼儿的提问，耐心对待和保护婴幼儿的好奇心和探索欲；早期教养要重视帮助婴幼儿养成良好的生活学习和交往习惯，逐渐形成专注、好奇、自信、独立、富有同情心等优秀品质。忽视婴幼儿个性品质培养、单纯追求知识技能训练的做法是短视而有害的。

（三）整合发展

婴幼儿教育的特殊性主要体现在养育中的渗透性，早期教养要以养融教，强调"生活即课程"，教育应当融于生活照料的方方面面；强调以成熟促发展，要允许婴幼儿按照自身的发展规律发展，成人应该学会尊重、理解和等待婴幼儿达到对新的学习产生接受能力的水平；认为婴幼儿的发展是整体的，在运动中感受、在感受中理解、在理解中产生情绪体验。因此，早期教养倡导多领域整合实施。绝不能进行单一目标的孤立训练，而要在关注某一核心经验的同时考虑相关经验的协同作用。

二、教养目标

0—3岁是婴幼儿生理、心理，特别是大脑发生于发展特别快速的时期，是以动作和游戏为主要方式来探索、理解和体验周围世界的时期。托育机构的早期教养是通过创设适宜环境，合理安排一日生活和活动，提供生活照料、安全看护、平衡膳食和早期学习机会，旨在托育机构、家庭和社区的关系中，通过全面、启蒙性的环境作用和体验促进儿童健康快乐成长，并为未来的幸福生活做好准备。因此，科学的早期教养应关注以下五个方面：健康的体能、积极的情感与友善的交往、聪慧的大脑与专注的探索、认真的倾听与礼貌的沟通、良好的习惯与品质。

（一）健康与运动

身体健康生长发育，掌握基本大运动技能和精细动作技能；

身体平衡能力和手部精细操作能力有序、协调发展。

（二）情绪与社会

具备初步的、积极的自我意识；

与重要带养人建立良好的依恋关系；

逐步适应并喜欢集体生活；

能听从保育人员的简单指令，遵守简单的游戏规则；

能关注他人情绪，敢于表达情绪情感，在游戏活动和社会交往中保持愉悦的情绪。

（三）感官与认知

能对周围的环境产生好奇心和探索的兴趣，能运用多种感官作用于客体；

通过一日生活中的各种感知、操作和探索，在时间、空间、形状、颜色、数等概念方面获得发展；

乐于发现、探究和思考因果关系、空间关系，获得在情境中解决简单问题的方法和经验。

（四）语言与沟通

喜欢倾听并能注视着保育人员讲话，能逐渐听懂越来越多的话并做出动作或语词的反应；

喜欢阅读；

敢于在同伴面前用较清楚响亮的声音表达。

（五）习惯与品质

具有良好的文明卫生行为习惯；

初步形成对艺术和生活中的色彩、线条、结构、旋律、节奏等审美要素的感受能力，乐于参加韵律、涂鸦等自由表现活动；

对周围世界有较强的好奇心和探索学习的兴趣，展现出想象力和创造性；

养成主动、自信、勇敢等良好的个性品质。

三、内容设置

托育机构早期教养活动内容设置应体现和反映纲要的理念和目标，内容涵盖纲要的所有要求。

遵循"一日活动皆课程"的理念，在早期教养目标的统领下，托育机构的教养活动内容分为"生活活动"和"游戏活动"两大类，每一类又包含若干模块。其中，"生活活动"渗透在一日在园生活的各个环节，如来离园、餐点、午睡、盥洗等，重在习惯养成，包括餐饮习惯、睡眠习惯与盥洗习惯的养成，主要包括吃吃睡睡模块。"游戏活动"重在落实动作、认知、语言、情感等方面的发展目标，包括"做做玩玩""听听说说""唱唱跳跳""涂涂画画""拼拼搭搭"五大模块。

（一）生活活动的具体内容

来离园活动：包含人际交往、情感适应等关键经验，在每日的来离园过程中养成物品整理、礼貌交往等良好习惯，内化交往、社会适应、安全等规则，锻炼社会适应能力。

餐饮活动：包含饮水、饭前洗手、饭后漱口、参与备餐、独自进餐等关键经验，在反复的日常饮食环节中养成良好的餐饮习惯，内化餐饮规则，锻炼独立进食技能。

睡眠活动：包含穿脱衣物、独立睡眠等关键经验，形成良好的睡眠习惯，锻炼自我服务能力。

盥洗活动：包含自主洗手、洗脸、刷牙、漱口、如厕等关键经验，通过模仿学习和反复的锻炼养成良好的盥洗习惯，锻炼盥洗的相关动作和自理能力。

此外，婴幼儿在与保育人员互动并解决一日生活里会遇到的各种问题的过程中蕴含了大量的认知和情感发展的机会，包括解决问题、亲密关系、社会交往、安全、规则礼仪等。因此，托育机构的一日生活活动也特别强调情感、认知、语言等的渗透。

（二）游戏活动的具体内容

1. 唱唱跳跳

包含爬行、摇晃、旋转、走独木桥或平衡木、荡秋千、单手取物等关键经验，通过有意识地创设锻炼身体平衡能力的运动环境或利用社区、公园等现成的活动资源，锻炼和提高身体平衡能力。

包含打、塞放、追逐、踢球、抛接球等手眼协调、手脚协调的关键经验，通过有意识地投放玩具材料和引导、支持婴幼儿利用相关设施设备进行游戏，锻炼和提高婴幼儿肢体协调运动能力。在肢体协调运动中，要特别关注游戏环境的安全性，也要避免婴幼儿在运动中脱离保育人员的视线。

包含音乐和律动中对于节奏的关键经验，为婴幼儿提供自我表现的机会，发展他们的听觉、节奏感和语言、音乐、情节记忆表现能力。

2. 做做玩玩

包含因果关系、空间关系、问题解决、模仿、记忆、数概念、分类、配对等关键经验，通过双手抓握、摆弄实物等手眼协调的动作，在锻炼婴幼儿灵巧双手的同时，保护和发展好奇心和探索欲，形成良好的学习方法和品质。

3. 涂涂画画

包含想象、创造、表征、表现等关键经验，通过涂鸦和前书写的方法进行表达，帮助婴幼儿初步养成审美情趣。

4. 拼拼搭搭

包含垒高、延长、架空、围合等关键经验，以积木为主要材料，在建构活动中综合运用已有的技能，激发婴幼儿的想象力和创造力，促进他们空间、数量、形状等认知概念以及分析、比较、判断等能力的发展。

5. 听听说说

包含倾听、表达、交流、阅读等关键经验，通过日常听说以及儿歌童谣、图画阅读和故事表演等活动，帮助婴幼儿养成清晰的口语表达能力与大胆表达的习惯。

四、实施建议

（一）创设高质量的托育环境

环境对婴幼儿的身心发展有着重要影响，只有在精心准备的环境中，婴幼儿才能以有意义的方式学习和探索，并与环境积极互动，从而发展自己的能力。

环境就是课程，环境就是教育，环境就是发展，婴幼儿在生活与游戏环境的互动中发展了各方面的能力。结合婴幼儿发展的特点和需要，托育机构环境创设应凸显如下特征：

1. 生活性

强调真实情境性与应用性。类似家庭的设置可以为婴幼儿带来熟识感和安全感。早期教养内容与活动环境不是刻意创造出来的，而是基于婴幼儿生活经验来设计的。

2. 安全性

机构的物资、设施设备及环境设计都应符合国家规定的安全标准，符合0—3岁婴幼儿的身心发展特点和需要。

3. 适宜性

环境应以儿童为本，与他们身心发展特点和需要相适宜，能满足日常基本活动需要。

4. 养成性

强调日常潜移默化的熏陶和渗透，环境要有秩序和规律性。

5. 便利性

便于工作人员照料，避免因操作不便对婴幼儿进行高控管理。

（二）与婴幼儿主动建立积极的回应式照护关系

婴幼儿与周围的人和物的关系是影响其学习和发展的重要因素之一，保育人员和父母与婴幼儿建立良好的关系，产生积极的互动行为，能更好地支持婴幼儿的身体和情感发展，并提供有效、优质的照顾。因此，保育人员要通过观察和倾听，及时、有效地回应婴幼儿的个体需要，努力与婴幼儿建立信任和依恋关系。

（三）制定科学适宜的一日作息

托育机构要能够根据婴幼儿的早期教养目标、年龄特点、本地季节变化和机构条件，科学、合理地安排和组织一日活动。一日作息时间安排应有相对的稳定性与灵活性，既有利于形成秩序，又能满足婴幼儿的合理需要，照顾到个体差异。要正确处理好分散与集中、室内与室外、个别与集体、动态与静态、生活与游戏、自选与指定活动等关系。

（四）选择和设计丰富的早期教养活动

婴幼儿自身在生活和游戏中所获得的经验，反映的往往是多种发展元素的整合，早期教养的阶段特征和外在要求是促进婴幼儿全面发展，不仅要遵循婴幼儿发展的一般规律和阶段特点，更要尊重个体婴幼儿的实际发展水平和需求，因此，托育服务从活动设计到组织实施都应当考虑以下三个方面：

1. 以养融教的生活课程

0—3岁婴幼儿正处于生长发育最迅速和最关键的年龄，对他们的生活照料和养育是首要任务。神经生理科学的研究成果证明，他们具有强大的学习能力，教育从出生就应当开始。因此3岁前的教育的特殊性就体现为它在养育中的渗透性。生活即课程，教育应当融于生活照料的方方面面。

2. 以成熟促发展的游戏课程

婴幼儿是带着先天的成熟时间表来到这个世界的，他们的发展是以成熟为前提的，什么时候会爬、什么时候会走、什么时候开口说话等等，都是建立在生理成熟的基础上。因此，3岁之前，婴幼儿是按照自己的大纲发展的，活动内容的设计与实施必须顺应他们的成熟规律。而游戏正是婴幼儿的自发性表现，是婴幼儿已有成熟水平的反映，托育机构一日活动应当以游戏的形式展开。

3. 以关键经验整合多领域发展的活动设计

一方面，婴幼儿的发展是整体的，在运动中感受、在感受中理解、在理解中产生情绪体验，同一活动往往涉及若干相关经验，因此对他们组织活动决不能进行单一目标的孤立训练，在考虑某一核心经验的同时，应考虑相关经验的协同作用。另一方面，要选择和制定适宜婴幼儿发展需要的活动内容。保育人员基于资料分析、观察评价以及必要的专业测评等，对婴幼儿发展水平进行分析，确立他们下一阶段的发展目标和早期教养活动目标。根据每个婴幼儿的需求、实际活动情况及时调整和优化活动设计。

（五）开展以婴幼儿需求为导向的多元活动的组织实施

根据婴幼儿的发展状况，托育机构应实施有针对性的个性化早期教养服务：对领域发展正常的婴幼儿，提供发展支持性服务；对领域发展轻度偏离常模水平的婴幼儿，提供发展改进性活动；对领域发展异常的婴幼儿，提供康复性活动。经过一段时期的个性化服务，对婴幼儿发展情况再次进行过程性诊断，并根据发展情况不断推进个性化托育服务。托育机构的早期教养应以成熟为导向，创设渗透教养目标的环境，组织开展个体分散活动、小组集中活动、插入式活动等灵活多样的活动。

（六）与家庭紧密协作

家庭和托育机构是影响婴幼儿发展的最主要的环境，父母和托育机构的照顾者分别是这两大环境的施教者。早期教养要对婴幼儿的健康快乐成长发挥持续、有效的影响，需要加强家园共育，形成家庭和机构、家长和保育人员的教养合力，提高家庭教育与机构教育的一致性。家园共育可以围绕家庭教育指导、育儿方法分享、在家与在园表现沟通、家长参与活动设计与实施等方面展开。托育机构可通过讲座、沙龙、接送时间互动、家长任务单、家长参助活动、微信（群）分享与交流等途径实施家园共育。

五、质量评价

评价是托育课程设计、开发和实施完整过程中的重要一环，它包括对婴幼儿发展的评价、对从业人员的评价、对活动实施情况的评价等。评价应立足于改进、立足于发展，要充分发挥评价的反馈调节功能，多渠道搜集有关课程实施、婴幼儿身心发展状况，以及从业人员保育行为等方面的信息和意见，并与改进措施相衔接，逐步形成通过评价促进婴幼儿发展、从业人员专业发展和保教质量提升的有效机制。

（一）婴幼儿发展评价

1. 测评法

测评法是指运用测量仪器或成长发育量表，对婴幼儿身心发展水平进行客观测量，并对照常模进行发展水平分析判断的一种方法。可依凭儿保部门对婴幼儿体格发育测评作为健康保育的依据。

2. 调查法

调查法是一种间接获取婴幼儿成长发育情况的评价方法，主要包括问卷调查法和访谈法。可根据日常保育中发现的问题设计问卷或访谈提纲，收集婴幼儿的生活经验和游戏经验等发展信息，并可结合访谈获得家庭养育方面更加深入、生动、真实的一手材料，为个性化保育提供依据。调查的对象可以是托育机构保育人员、婴幼儿家长等。

3. 表现性评价

表现性评价是一种在婴幼儿日常生活和游戏中进行的评价方法，由托育机构的保育人员和家长共同进行。表现性评价以自然观察为主，保育人员要搜集大量真实的、通过自然观察所获得的资料，提供丰富的反映婴幼儿发展状况的事实依据，以便有针对性地进行日常保育。

首先，根据表现性目标，按月龄段逐步设计社会性等各方面表现性评价任务并创设任务情境，明确任务目标、适用月龄、环境、材料、人物、提示语、过程刺激等要素，完成表现性任务设计。其次，实践中试用表现性任务，集体观察、记录、分析若干婴幼儿在表现性任务中的动作、语言、行为、互动等，完成表现性评价标准和工具的研制。完成表现性任务及配套标准、表单后，将其投入到托育照护过程中并验证其有效性，再根据试用结果进行修订完善。最后，根据开发和验证的工具对婴幼儿进行表现性评价。

4. 宝宝成长册

宝宝成长册类似于档案袋评价法，是一种综合性的评价方法。在全日制托育机构中，由保育人员为每个婴幼儿积累托育机构生活游戏中的表现和发展信息，向家长呈现婴幼儿在托育机构中的成长轨迹。与家庭协作，指导家长记录家庭生活中婴幼儿成长过程中的点点滴滴，积累一些过程性资料。保育人员和家长应当仔细品读成长记录，并作出恰当的回应。

（二）保育人员服务质量评价

评价的目的主要有两个，一是托育效能核定，即对保育人员专业素质进行鉴定；二是改进保育人员的工作，使其得到专业发展。日常对保育人员进行评价的内容包括活动准备、活动组织实施与活动效果等内容。

活动准备主要包括活动设计与环境创设，考察重点是活动目标与指导重点是否符合班级婴幼儿发展的基本规律和需求、是否基于对婴幼儿的观察和了解，活动内容是否体现目标与指导重点，环境创设和材料投放是否能有效地为活动内容服务，是否安全、便于保育人员开展活动、与班级婴幼儿发展水平相适宜等。

活动组织实施主要考察保育人员的现场观察能力、指导干预能力、场控能力和沟通交流能力，考察其是否能够围绕观察重点及时敏锐地捕捉生成性资源，是否能够有效处理、利用生成性资源和事件，是否能根据现场活动进展情况及出现的问题及时、灵活调控预设内容，互动的时机是否合适、方法是否恰当、是否注重与不同类型的家长沟通的技巧、语气是否亲切平实等。

活动效果主要考察活动组织过程、班级活动状态，考察活动能否有效落实托育重点，环境创设、材料投放、操作方法等是否符合安全、发展要求等。

保育人员评价强调自我反思，建立以自评为主的评价制度，及时分析、撰写活动案例和反思，在过程中不断调整和改进。同时，也要经常采用由专家、机构管理者、保育人员、家长等共同参与的评价方式，在托育活动观摩和研讨中沟通交流，提升专业水平。

（三）托育课程实施情况评价

应根据早期教养理念与目标要求，组织开展评价，充分发挥评价的反馈调节功能，不断提升托育课程的质量。

托育课程实施情况评价的考察重点：教养理念与目标是否得到落实，活动内容是否全面落实，活动组织形式是否符合婴幼儿年龄特点和个体差异，保教管理与保障机制是否有利于培育保育人员的婴幼儿发展意识，是否有促进保育人员专业的措施。

评价的信息采集途径：环境创设、材料提供、作息安排、活动计划、反思记录、一日活动组织、保研资料、保育人员个人发展记录等。

评价方式：

1. 日常自评

托育机构的管理人员和保育人员在日常工作反思的基础上诊断、发现活动设置与实施中的不足，及时反馈调整。

2. 幼儿评价

设计问题与婴幼儿对话，了解他们是否喜欢来托育机构，是否喜欢托育机构的环境创设等。

3. 家长评价

设计问卷，定期了解家长对正在进行的早期教养活动内容是否知晓、满意程度和意见建议。

4. 外部评价

不定期请有关专业人员到托育机构巡查早期教养环境、观摩教育器械、查看相关文本资料，作出评价和建议。

六、保障机制

（一）编制体系化、科学化的托育服务机构一日活动方案

托育机构应按照早期教养的总体目标，综合考虑 0—3 岁婴幼儿身心发展规律、家庭环境、带养人等因素，整体设计托育机构一日活动规划，托育机构在形成与教养目标相适应的一日照护方案后，提出活动实施和评价的要求，并提交上级主管部门备案，定期接受审查和指导。

上级主管部门要对机构的早期教养活动规划进行管理。机构也应向婴幼儿家长公开，吸纳社会和家长

的合理建议，接受家长、社会的监督。

（二）加强托育活动内容资源建设

活动内容资源建设应遵循"积极开发、合理利用、形式多样、共建共享"的方针。托育机构应为婴幼儿一日在园生活提供丰富、多样的活动资源。要善于利用和开发机构的空间、设施设备、活动材料等多种多样的内容资源以支持婴幼儿的探索与游戏活动。应加强与社区、社团组织的联系，充分挖掘并利用社区和周边环境，如自然景观、小区街景、公园、少儿图书馆等，扩展婴幼儿的游戏空间，为婴幼儿的探索性学习创造条件。

（三）提升从业人员专业水平

上级主管部门或行业协会应制定托育从业人员入职标准，从业人员持证上岗，确保队伍的质量。

上级主管部门应制定优惠政策和激励措施，提升从业人员的社会地位和经济待遇，吸引专业人才进入托育机构。

上级主管部门应加强从业人员职前培养体系建设，建立和健全培训机制。托育机构要提高认识，加强组织领导与管理，开展内部研讨与学习，加强在职培训，创造多种研修机会以提高队伍的专业水平。

（四）完善政策保障

上级主管部门应定期巡检和评估，规范与优化托育机构的管理和服务。

应建立评估标准，建立定期评估制度。早期教养指导评估包括托育机构服务质量评估、从业人员专业素养评估、婴幼儿发展评估等。

《托育机构课程纲要》旨在为托育机构提供一个全面而系统的指导框架，以确保托育机构为婴幼儿提供高质量的托育服务，确保保育质量和服务水平能够满足家长和社会的期望，最终促进婴幼儿的发展和健康成长。

我们相信，婴幼儿是具有无限潜力和可能性的生命体，是有能力的学习者。婴幼儿有自己独特的学习方式和发展节奏，婴幼儿的早期教养对他们的未来有着深远的影响。通过实施纲要，我们将能够培养具有全面发展能力的婴幼儿，为他们的未来奠定坚实的基础！

我们坚信，每一个孩子都是未来的希望，我们的付出将会影响到一个又一个家庭，甚至整个社会的未来！

我们希望，婴幼儿家长、托育从业人员和社会各界能够共同支持和参与课程纲要的实施，让每个婴幼儿都能获得优质的保育和教育，获得全面发展，愿每个孩子都有良好的人生开端！

图书在版编目(CIP)数据

托育机构一日活动操作指引/茅红美,王岫主编. —上海:复旦大学出版社,2023.11(2024.9重印)
托育机构从业人员指导用书
ISBN 978-7-309-16096-3

Ⅰ.①托… Ⅱ.①茅… ②王… Ⅲ.①托儿所-教材 Ⅳ.①G618

中国版本图书馆 CIP 数据核字(2022)第 007437 号

托育机构一日活动操作指引
茅红美　王　岫　主编
责任编辑/谢少卿
装帧设计/卢晓红

复旦大学出版社有限公司出版发行
上海市国权路 579 号　邮编:200433
网址: fupnet@fudanpress.com　http://www.fudanpress.com
门市零售: 86-21-65102580　团体订购: 86-21-65104505
出版部电话: 86-21-65642845
上海丽佳制版印刷有限公司

开本 890 毫米×1240 毫米　1/24　印张 5.5　字数 160 千字
2024 年 9 月第 1 版第 2 次印刷

ISBN 978-7-309-16096-3/G·2340
定价:48.00 元

如有印装质量问题,请向复旦大学出版社有限公司出版部调换。
版权所有　侵权必究